PAI HERÓI

# AMÉRICO SIMÕES
Ditado por Clara

PAI HERÓI

BARBARA

Projeto gráfico e diagramação: Meco Garrido

Foto capa: Essentials/Istock

Revisão: Marcelo Cezar

Edição 2020
8000 exemplares

ISBN 978-85-54999-18-6

Índices para catálogo sistemático:
1. Espiritismo. 2. Psicografia. 3. Romance Espírita
I. Simões, Américo II. Título   CDD-133.93

BARBARA EDITORA
Av. Dr. Altino Arantes, 742 - 33
Vila Clementino - São Paulo - SP - CEP: 04042-003
Tel.: (11) 3209 9050/ Cel. (11) 9 5555 0169
E-mail:editorabarbara@gmail.com
www.barbaraeditora.com.br

Todos os direitos reservados. Proibida a reprodução total ou parcial desta obra, por qualquer forma ou meio, seja ele mecânico ou eletrônico, fotocópias, gravação etc., tampouco apropriada ou estocada em sistema de bancos de dados, sem permissão expressa do editor (lei n° 5.988, de 14/12/73).

Todos os direitos reservados.
Nenhuma parte desta obra pode ser reproduzida ou transmitida por qualquer forma e/ou quaisquer meios (eletrônico ou mecânico, incluindo fotocópia e gravação) ou arquivada em qualquer sistema de banco de dados sem permissão expressa da Editora (lei n° 5.988, de 14/12/73).

Compre em lugar de fotocopiar. Cada real que você dá por um livro recompensa seus autores e os convida a produzir mais sobre o tema; incentiva seus editores a encomendar, traduzir e publicar outras obras sobre o assunto; e paga aos livreiros por estocar e levar até você livros para a sua informação e o seu entretenimento. Cada real que você dá pela fotocópia não autorizada de um livro financia um crime e ajuda a matar a produção intelectual em todo o mundo.

O direito autoral deste livro e dos demais do autor, patrocina projetos sociais e artísticos em prol do crescimento artístico e cultural de cada semelhante. Em nome de todos que são agraciados por tudo isso, o nosso muito obrigado.

Este livro é dedicado ao Chico Xavier que ensinou a todos preciosas lições com seu maravilhoso exemplo de vida.

"Guardemos a certeza pelas próprias dificuldades já superadas que não há mal que dure para sempre."

"O caderno em branco chama-se tempo. E nós somos autores de todos os capítulos que se desenrolam por fatos vividos, no livro da Eternidade."

Chico Xavier

Capítulo 1

Na capela do cemitério cujo aspecto era ainda mais sombrio devido à pouca claridade do dia, familiares, amigos e conhecidos davam o último adeus a Jardel Carvalho, que morrera de infarto fulminante na tarde do dia anterior.

Junto ao caixão, cercado por quatro longas velas, permanecia o filho e a esposa do morto, tentando encontrar algum conforto nas palavras que o padre dizia a todos com boa intenção. O rosto do rapaz era a expressão radical da tristeza e da dor.

Minutos depois, quatro amigos de Jardel carregaram seu caixão até o local onde foi sepultado, sobre os olhos atentos daqueles que foram lhe dar o último adeus.

Enquanto o coveiro fechava a abertura do túmulo, o filho do morto se ressentia, mais uma vez por ter perdido o pai ainda tão moço.

Sua mãe se reaproximou dele e o beijou com emoção, tentando trazê-lo novamente de volta à vida.

– Ainda custo acreditar que o pai... – murmurou Bruno Carvalho desolado.

Damaris, sua mãe, querendo muito ajudá-lo, respondeu:

– Bruno, meu filho, a missão de seu pai na Terra se concretizou, por isso Deus o chamou de volta para o mundo dos espíritos.

– Meu pai tinha apenas 48 anos de idade. Era ainda muito jovem para morrer...

– Era sim, filho... Você tem toda razão. Mesmo assim, só nos resta aceitar os desígnios de Deus.

A expressão de dor se intensificou no rosto do rapaz de apenas 24 anos de idade. Para se fazer de forte, porque assim achava que deveria ser, ele cerrou os olhos e comprimiu os lábios. Para ajudá-lo naquele momento tão difícil, Priscila, sua noiva, agasalhou suas mãos, apertando-as delicadamente, para lhe transmitir ânimo e coragem novamente. Quase num sussurro, falou:

– Meu amor, o corpo se apaga, mas o espírito continua aceso no infinito.

As palavras da jovem conseguiram atingir seu objetivo. A luz nos olhos do rapaz reacenderam. Já não havia mais a figura desesperada e tristonha diante da sepultura e, sim, uma criatura disposta a seguir adiante em nome do pai que acabara de falecer.

– Vamos para casa, filho – falou Damaris porque nada mais restava fazer ali.

Bruno concordou:

– Vamos sim, mãe.

Acompanhado da mãe e da noiva, o rapaz partiu daquele lugar triste e bucólico.

Jardel Carvalho se mudara para a pequena cidade de Acalanto, interior do estado do Mato Grosso do Sul, em meados de 1992. Ali, passou a administrar a fazenda de cinquenta alqueires, herança recebida de um tio distante que sempre o quisera muito bem.

Bruno já estava com nove para dez anos quando a mudança ocorreu. No começo, foi bem difícil para o garoto adaptar-se à nova morada, pois teve de fazer novos amigos e aprender a lidar com a saudade que sentia dos antigos.

Para Damaris, o começo também foi árduo, pois vivera sempre rodeada da família e de amigos que não mais tinha ao seu lado.

Jardel pareceu se acostumar à mudança com maior facilidade, certamente porque não tinha tempo para se ocupar com a saudade. Trabalhava incansavelmente em sua terras, ajudando os poucos empregados que na época tivera condições de contratar.

Conhecera Damaris Assunção em uma praça, perto do coreto, numa noite enluarada do inicio do outono de 1977. Era uma jovem bonita que sabia se vestir com elegância. Os cabelos, muito fartos, devidamente penteados, tornavam-na exuberante. Os olhos eram límpidos e sagazes, o nariz, delicado, a boca, pequena e firme, os quadris estreitos e perfeitos.

Foi praticamente uma paixão à primeira vista. Logo estavam a transitar pela praça, de mãos dadas, trocando ideias, acariciando seus egos.

Ao saber do namoro, os pais da moça se opuseram totalmente à ideia, pois Jardel não tinha posses, seu pai tinha apenas um depósito de bebidas num barracão velho da cidade, que muitos receavam cair sobre sua cabeça num dia de temporal. Jardel ajudava o pai, fazendo as entregas das bebidas pela cidade e região.

Mas Damaris não se importava com isso. No auge de sua adolescência, somente a emoção falava mais alto em seu coração. Contra a vontade dos pais, e também à revelia da irmã, Damaris aceitou se casar com Jardel quando ele lhe fez a proposta. Foi um casamento simples, muito simples, numa tarde de sábado, às dezesseis horas e, para comemorar, teve bolo e guaraná na humilde casa dos pais do noivo.

"Que futuro esse sujeito pode dar à minha filha?", cochichou o pai da noiva no ouvido da esposa.

"Shhhh!", disse ela, tentando evitar que alguém ali os ouvisse.

A irmã de Damaris também não estava feliz com aquele casamento. Especialmente quando soube que Damaris e Jardel morariam na casa dos pais do moço. Sendo assim, tentou preveni-la:

"Ouça bem o que eu lhe digo, Damaris. Sogra e nora morando sob o mesmo teto não dá certo."

"É só até o Jardel se ajeitar, minha irmã."

"E você acha que isso realmente seja possível? Pobre como é!".

"Trabalhando dobrado no depósito de bebidas, Jardel certamente vai prosperar".

"Se com o depósito de bebidas, o velho Belmiro Carvalho não consegue ganhar o suficiente para ter uma vida com o mínimo de dignidade, jamais conseguirá ofcrecer ao filho um salário melhor."

"Regina, minha irmã, não seja tão negativa."

"Só quero abrir seus olhos enquanto há tempo, Damaris. Quem avisa, amigo é."

E Damaris continuou mais atenta aos mandamentos de seu coração do que aos alertas da irmã que era mais razão do que emoção.

Bruno nasceu três anos depois do enlace matrimonial do casal. Um garotinho cabeludo e muito chorão no início. Logo, o menino se tornou a alegria do avô paterno. Pode se dizer que Belmiro Carvalho voltou a ser criança, depois do nascimento do neto. Por Bruno, ele era capaz de tudo, até mesmo de dobrar as horas de trabalho para não deixar que nada lhe faltasse.

Bruno amava o avô tanto quanto amava seu pai. O elo que unia os três era de uma força tamanha e comovente. Verdadeiramente admirável.

Ainda que tivesse apenas nove para dez anos de idade quando o avô desencarnou, Bruno sentiu profundamente sua morte. Por muitas vezes, esquecera-se dos comentários de Isaura, sua avó paterna, de que o avô havia morrido e virado uma estrelinha no céu, algo para acalmar seu coração.

Outro impacto profundo na vida do menino foi a mudança da família para a pequena cidade de Acalanto, no interior do Mato Grosso do Sul. Mas era preciso, como seu pai havia lhe dito: eles agora tinham uma fazenda de cinquenta alqueires para cuidar, e Bruno, por ser ainda criança, não conseguia compreender a importância daquilo em suas vidas.

Quando não tinha afazeres da escola, Jardel levava o menino com ele para ajudá-lo no cultivo da terra, especialmente durante o período de férias. Bruno adorava; a fazenda logo se tornou a sua maior alegria, o seu passatempo predileto. Tal como o pai, ele daria a vida para deixar a propriedade um primor em beleza, organização e produtividade.

Foi no primário que Bruno conheceu Priscila Camargo, quem mais tarde tornou-se sua apaixonante namorada. Priscila era realmente uma garota adorável, de ótima família e sempre muito gentil e educada com todos.

Diferente, muito diferente das garotas que só sabiam dar risadinhas e se interessar por futilidades. Era linda, simplesmente linda e parecia saber entendê-lo como ninguém. Ele amava Priscila, simplesmente a amava em todos os sentidos.

Foi por meio dela que o interesse de Bruno pelo Espiritismo se intensificou e Damaris também resolveu conhecer melhor a doutrina por meio dos livros psicografados por Chico Xavier e, mais tarde, pela obra de Allan Kardec, cujos livros serviram de base para a codificação do Espiritismo.

Jardel também se interessou pela doutrina, tanto que toda semana procurava a única e humilde casa espírita da cidadezinha para tomar um passe. Era algo que sempre o fazia se sentir muito bem.

Isaura, sua mãe, apesar de nunca ter se permitido ir ao centro, por ser fiel à religião da qual fizera parte a vida toda, gostava de ver o filho voltando para casa, sentindo-se mais pleno e feliz. Isaura desencarnou seis anos após eles se mudarem para Acalanto. Outro momento difícil na vida de todos.

Depois de saírem do cemitério, Bruno deixou Priscila na casa dela. A jovem precisava descansar, passara a noite em claro ao seu lado, velando o corpo de Jardel. Ali, Bruno a agradeceu novamente por tudo o que ela estava fazendo por ele, naquele momento tão difícil de sua vida.

– Meu amor – disse ela. – Se você precisar de mim, para qualquer coisa, não hesite em me chamar.

– Obrigado. Agora você precisa descansar.

– Você também. Durma com Deus. Amanhã nos vemos.

E com lágrima nos olhos, o jovem voltou para dentro de seu carro e partiu na companhia da mãe.

Os pais de Priscila também haviam ido ao sepultamento de Jardel, mas haviam retornado sem a filha, para deixá-la na companhia de Bruno, porque assim era preciso. Ao reverem a jovem, acolheram-na com muito carinho, pois sabiam o quanto tudo aquilo havia também mexido com suas emoções.

Depois do banho tomado, Damaris e Bruno se sentaram à mesa da copa para jantar. Estavam sem apetite, mas precisavam se alimentar.

– Prove – disse a mãe, ofertando um prato de canja fumegante para o filho. – Vai lhe fazer bem. Aquecerá seu estômago, alimentará seu corpo, acalmará seus nervos.

Em silêncio, os dois compartilharam aquele caldo com torradas.

Depois de lavar a louça e guardar tudo no seu devido lugar, Damaris voltou à sala onde encontrou o filho, revendo fotos em que o pai aparecia ao seu lado ou sozinho. Novamente ela se impressionou com o aspecto facial do rapaz, nunca vira tanta tristeza e desolação no rosto de alguém.

Naquele instante, Bruno admirava uma foto do pai, tirada em janeiro de 1997, onde se via Jardel, sentado às margens do rio Paraguai, exibindo orgulhosamente um peixão que acabara de pescar.

– O pai está tão feliz nessa foto... – continuou Bruno emocionado. – Seus olhos brilharam. Como ele adorava pescar...

– É verdade. Era sua distração predileta.

Damaris aproximou-se do filho para também poder admirar a foto em suas mãos.

Com novas lágrimas a riscar-lhe a face, Bruno admitiu:

– Mãe, meu pai era tudo pra mim. Tudo...

– Eu sei, Bruno. Ele foi sempre um herói para você, da mesma forma que o pai dele foi um grande herói para ele.

– Sim. Um herói. Vou amá-lo eternamente.

Em seu quarto, depois de desejar boa-noite à mãe, Bruno Carvalho sentou-se à beira da cama e voltou a pensar no pai que, para ele, fora sempre um herói. Saber que ele não mais estaria na casa, ao seu lado, que nunca mais voltariam a se ver, era doloroso demais. Inaceitável.

Por fim, levantou-se e foi beber algo para refrescar a garganta. Abriu silenciosamente a porta de seu quarto para não despertar a mãe que acreditava já estar dormindo. Ao voltar da cozinha, notou que havia luz por baixo da porta do quarto dela, o que o fez ir até lá, para saber como estava passando. Bateu na porta e entrou, sem esperar por uma resposta.

Damaris estava deitada, com as costas apoiada em travesseiros junto a cabeceira da cama.

– Bruno, meu filho, você ainda acordado?

– Não consigo relaxar. Mesmo tendo passado a noite em claro, o sono não vem. Só de pensar que o pai não estará mais aqui entre nós...

– Será assim no começo, Bruno. Mas depois... Depois nos acostumaremos com a ausência dele. Os afazeres do dia a dia nos farão esquecer, ainda que, temporariamente, ele já não se encontre mais entre nós.

– O que me conforta, mãe, é saber que o espírito do pai continua vivo. O corpo padece, mas seu espírito sobrevive no mundo espiritual.

– Sim, filho – concordou Damaris com um sorriso triste, de partir o coração.

– Saber que o pai continua vivo, pelo menos em espírito, me deixa mais tranquilo.

– Sem dúvida.

– A uma hora dessas, ele já deve estar numa colônia, não é mesmo?

– Colônia?! – Damaris não o compreendeu.

– Sim. Uma colônia do mundo espiritual, igual a Nosso Lar, mãe.

– Ah, sim! – Damaris se arrepiou e estremeceu de tal forma que assustou o rapaz.

– O que foi?

– Nada não, Bruno. Acho que é o cansaço. Preciso mesmo dormir. São mais de vinte e quatro horas acordada, não há quem resista.

– A senhora tem razão.

Ao focar novamente nos olhos da mãe, o filho estranhou sua reação. Foi como se ela não quisesse encará-lo, por receio de que, pelo seu olhar, ela lhe revelasse algo que não era para ele saber.

– Bem, eu já vou indo.

Bruno soprou um beijo para a mãe e silenciosamente voltou para o seu quarto. Necessitava de sono, sim, ele bem sabia, por isso pediu a Deus que o ajudasse a adormecer, pedido que foi logo atendido.

Enquanto isso, em seu quarto, Damaris mordia os lábios, apreensiva. As palavras do filho continuavam a ecoar em sua mente: "A uma hora dessas, ele já deve estar numa colônia, não é mesmo?... Uma colônia do mundo espiritual, igual a Nosso Lar, mãe...".

E novamente ela se arrepiou diante do que o filho dissera. Então, discretamente, ela se levantou e foi até a estante de livros de onde tirou um exemplar de autoria de Kardec. Sentiu que precisava escondê-lo de Bruno, caso ele cismasse em ler seu conteúdo. E assim ela fez.

Capítulo 2

No café da manhã, Bruno questionou a mãe sobre sua reação na noite anterior, ao comentar que o espírito de seu pai havia seguido para a colônia Nosso Lar. Damaris rapidamente tentou demonstrar naturalidade ao responder:

– Reagi estranho, foi? Deve ter sido porque havia me esquecido completamente de que, ao morrer, os espíritos logo partem para essas colônias do plano espiritual. Acho que reagi com espanto, porque achei muito cedo para seu pai chegar lá. Deve haver um processo para isso, não?

– Vou reler o trecho do livro do Kardec que fala a respeito.

– Ah, sim, boa ideia.

Ao perceber que o filho iria procurar o livro na estante, Damaris rapidamente interveio:

– Primeiramente você precisa tomar um café bem reforçado para despertar e encarar o dia, Bruno.

Procurando sorrir para a mãe, o jovem respondeu:

– A senhora tem razão.

E para descontrair o rapaz, Damaris brincou:

– Uma mãe tem sempre razão, filho. Tem sempre razão!

Ela riu e carinhosamente beijou o rapaz na testa que, automaticamente, retribuiu o afeto.

– Você já está indo para a fazenda? – perguntou Damaris a seguir.

– Fazenda?! – espantou-se Bruno. – Hoje não irei, mãe. Não me sinto disposto. Prefiro ficar em casa, relendo o livro do Kardec. Isso me fará bem.

– Filho – atalhou Damaris rapidamente. – A fazenda precisa de você. Há tarefas pendentes, você não pode abandoná-la agora, por mais que se sinta arrasado com o que aconteceu.

– A senhora novamente tem razão. O pai não me perdoaria se eu deixasse tudo aquilo ao léu.

– Pois é.

– Acho melhor então eu levar uma marmita. Não devo voltar para o almoço.

– Ah, sim, eu preparo... – Damaris então teve uma ideia. – Quer saber de uma coisa, Bruno? Vou com você. Assim me distraio um pouco.

– Ótima ideia, mãe.

Rever a fazenda, depois de tudo que o pai fizera para transformá-la naquele primor de prosperidade, deixou Bruno novamente emocionado e ao mesmo tempo, revoltado.

– O pai trabalhou tanto por esse lugar – comentou com pesar. – Trabalhou tanto para deixar tudo isso produtivo e bonito e, no entanto, pouco pôde usufruir do que fez.

– Infelizmente, filho. Mas Deus quis assim, Bruno. Agora cabe a você cuidar dessas terras com o mesmo empenho que seu pai cuidou, em todos esses anos.

– Sim, mãe. Honrarei com muito orgulho tudo o que ele começou.

– É assim que se fala, Bruno. É assim que se fala!

Damaris abraçou o rapaz e sem querer, chorou com ele novamente a morte de Jardel Carvalho.

Naquele fim de tarde, depois de cumprir suas obrigações na propriedade da família, mãe e filho voltaram para casa, ansiosos por um banho e uma janta quentinha para forrar seus estômagos.

Ao perceber que o rapaz se mostrava disposto a ficar em casa, lendo o livro que tanto desejava, Damaris agiu novamente:

– Assim que você chegar na casa da Priscila, dê um beijo nela por mim.

– Não vou vê-la hoje, mãe. Não me sinto disposto.

– O que é isso, Bruno? Ela deve estar preocupada com você. Vocês não se falaram desde ontem e...

– Falamos sim. Poucos antes de irmos para a fazenda, liguei para ela dizendo que eu estava bem. Que não se preocupasse.

– Mesmo assim, Bruno. Ela deve estar aflita. Eu, como mulher, posso lhe garantir isso. Portanto, vá vê-la, além do mais, isso lhe fará tremendamente bem.

– A senhora acha mesmo?

– Sem dúvida. A Priscila o ama e amor, nessa travessia tão difícil, é essencial para a nossa recuperação.

O rapaz refletiu.

– A senhora novamente tem razão. Vou dar um pulinho na casa dela, nem que seja por cinco minutos, mas vou.

– Vá sim, meu querido.

E novamente Damaris se sentiu menos tensa diante da situação. Sua intenção era distrair o filho com atividades e mais atividades até que ele perdesse o interesse de consultar o livro de Kardec e tirasse conclusões que não lhe fariam nada bem.

Ao chegar à casa de Priscila, a jovem cumprimentou o noivo com grande emoção e afeto.
– Meu amor, que bom revê-lo.
Ele a abraçou como se há muito necessitasse daquele abraço. Um abraço demorado e profundo.
Quando seus olhos novamente se encontraram, lágrimas transbordavam e riscavam suas faces.
– Como foi seu dia? – perguntou ela, sentando-se com ele no sofá de vime da varanda.
– Até que foi bom... – e ele resumiu o que fizera na fazenda.
– Que bom saber que se distraiu e trabalhou pelo que é seu, meu amor.
– Tenho de trabalhar, Priscila. Meu pai trabalhou arduamente para fazer aquelas terras prosperarem, não posso deixar que todo seu empenho se perca.
– Você tem toda razão.
Breve pausa e a jovem admitiu:
– Seu pai, Bruno, pelo pouco que o conheci, era um homem de garra. Não só para trabalhar, como também para superar os obstáculos da vida. Especialmente o momento mais difícil pelo qual passou, ao perder o pai, seu avô, daquela forma tão trágica.
– Sim, Priscila. Meu pai foi realmente um exemplo de superação. Eu mesmo não saberia dizer se conseguiria suportar o impacto que foi para ele, perder o pai daquela forma abominável.
– Pois é, Bruno. Espelhe-se no seu pai que foi sem dúvida alguma, um homem admirável.
– Sim. Um herói para mim.
Ao chamar o pai de herói, novas lágrimas atravessaram os olhos do rapaz. Priscila também lacrimejou, devido à forte emoção que os envolvia naquele instante.
– Quando nos casarmos, meu amor... – continuou Bruno com voz embargada. – Se tivermos um filho, quero dar a ele o nome do meu pai, em sua homenagem. Se hoje tenho meios de me sustentar, devo tudo a ele que soube, como poucos, cuidar da herança que recebeu. E não foi só essa herança que meu pai me deixou, Priscila. Ele também me deixou ensinamentos profundos que dinheiro nenhum pode comprar. Ele me ensinou a ser um sujeito de caráter, honesto, bom cidadão e cristão. Sou

eternamente grato a ele.

E novas lágrimas rolaram pela face do rapaz.

– Está bem, meu amor – afirmou Priscila, comovida. – Se tivermos um filho, ele receberá o nome de seu pai, por justa causa.

– E se tivermos dois – arrematou Bruno, esperançoso – o segundo receberá o nome do meu avô que também foi, para mim, um homem maravilhoso e digno de todo respeito. Foi certamente por causa dele que meu pai se tornou um homem de caráter e de brio, pois foi Seu Belmiro quem lhe ensinou a ser. Por isso lhe sou também extremamente grato.

E novamente a jovem apreciou suas palavras. A seguir, Bruno, muito emocionado, confessou:

– Muito obrigado por estar ao meu lado nesse momento tão difícil. Com você, sinto-me mais forte e capaz de superar essa dor e continuar nessa travessia.

– Eu o amo, Bruno. Conte comigo para o que der e vier.

E carinhosamente ela levou a mão dele até seus lábios e a beijou.

Ao reencontrar a mãe naquela noite, Bruno comentou com grande emoção:

– A senhora tinha razão. Foi mesmo muito bom ter me aconselhado a ver a Priscila. O carinho dela me fez bem.

– Que bom, filho. Que bom.

Damaris foi até ele e o beijou.

– Aconselho você agora a ir para cama. Seus olhos estão pequenos de tanto sono.

Ele bocejou.

– A senhora tem razão. Acho que o cansaço agora veio com tudo. Boa noite.

– Boa noite, meu querido.

Damaris também se sentiu mais disposta para dormir naquela noite. Ver o filho menos triste ajudou-a relaxar.

No dia seguinte...

– Bom dia, meu querido – a mãe o beijou na testa. – Como foi sua noite de sono. Dormiu melhor?

– Sim. Acho que a exaustão me venceu. Quando abri os olhos e dei por mim, já era manhã.

– No começo é mesmo assim, mas depois, filho, tudo volta ao normal.

– Não, mãe. Nada mais voltará ao normal. Não sem o pai aqui, entre nós.

A mãe tornou a beijá-lo na esperança de transmitir-lhe algum conforto.
– Não consigo tirá-lo da cabeça, mãe.
– Eu sei, filho. Eu também penso nele todo instante. A saudade é tremenda.
– O que me conforta é saber que ele está bem e, a uma hora dessas, já foi amparado pelo mundo espiritual.
– S-sim...
– Eu estava pensando, sabe? Ele com certeza há de reencontrar o vovô, não acha?
– Seu avô?! – a voz de Damaris soou assustada.
– Sim! Afinal, ambos devem ter ido para a mesma colônia espiritual, e, cedo ou tarde...

A mãe deu as costas para o filho, procurando se entreter com algo na pia.
– Mãe – tonou o rapaz seriamente.
– O que é, Bruno? – Damaris respondeu sem se voltar para ele.
– O vovô certamente revelará ao papai toda a verdade, não acha?
– Verdade, Bruno, que verdade?
– Ora, mãe. Do que realmente se passou com ele naquela noite fatídica.

As palavras do filho foram tão inesperadas, que Damaris deixou escapar das mãos o prato que lavava, fazendo grande barulho.
– Esqueça isso, Bruno. O espírito de seu avô já deve ter evoluído, não deve ter mais espaço para o rancor. Deve ter encontrado o perdão dentro de si e...

O tom gélido da mãe desagradou o filho.
– Acalme-se, mãe.
– Não gosto de tocar nesse assunto. Faz parte do passado, e passado é passado, chega, não mais!
– E justiça é justiça, minha mãe! Deve ser feita, não acha? Foi por isso, inclusive, que decidi me formar em Direito.
– Os céus que se incumbam disso, Bruno. Agora, mudemos de assunto, por favor.

Assim que o rapaz deixou o aposento, Damaris respirou fundo e fechou os olhos. Em silêncio, dirigiu-se ao marido desencarnado:

"Apesar de você nunca ter me pedido, eu jamais contarei ao nosso filho sobre os seus pecados, Jardel. Jamais! Porque ele o venera como um herói. Um pai herói... A imagem que ele tem de você não deve ser destruída por nada. Nada desse mundo!".

E pelo canto de seus olhos, lágrimas sentidas rolaram por sua face.

17

Capítulo 3

Antes de partir para a fazenda, Bruno comentou com a mãe:
– Sabe quem pode me dizer, com certeza, se o papai já reencontrou o vovô no plano espiritual? A dona Luísa.
– Dona Luísa?! – estranhou Damaris enviesando o cenho. – Que Dona Luísa, Bruno?
– Ora, mamãe. A médium do centro espírita de Acalanto. A senhora mesma já a conheceu, o papai também. A mulher é sensacional, muita gente vem de longe para vê-la. Por meio de sua mediunidade, ela pode psicografar cartas de entes queridos desencarnados, como também pode incorporar um espírito, caso haja possibilidade.
Bruno voltou a sorrir, satisfeito.
– Ela vai pode me dizer, ou melhor, por meio da sua mediunidade vou poder saber se o papai está bem no plano espiritual, se já chegou a uma colônia e se já reencontrou o vovô e a vovó que certamente residem lá, depois de terem desencarnado.
– Bruno.... – Damaris tentou manter a calma, mas por dentro, seu sangue gelava. – É muito cedo para isso.
– Não, mãe, não é. Vou ao centro essa noite, hoje estará aberto e a Priscila vai comigo. Acabei de falar com ela pelo telefone.
– Bruno...
Damaris já não sabia mais a quem recorrer.
– Se a senhora quiser ir conosco... Estou ansioso por esse momento.
O semblante de Damaris mudou radicalmente.
– É muito cedo para isso, Bruno.
Bruno discordou no mesmo instante. Ela prosseguiu:
– É sim, filho! O espírito de seu pai ainda levará algum tempo para...
O rapaz cortou a mãe no mesmo instante:
– Por ter sido um homem de bem, totalmente de bem, o pai certamente já deve estar numa colônia. Se não em Nosso lar, noutra semelhante.

– Talvez, Bruno...

– Não há talvez, mãe. Somente os que não agiram corretamente na Terra, é que demoram a chegar a essas colônias, porque certamente vão parar no umbral. Não é o caso do meu pai. Não mesmo!

Damaris achou melhor não esticar o assunto. No entanto, buscava desesperadamente em seu interior, uma forma de impedir o filho de falar com a médium. Por fim, assim que o filho partiu para a fazenda, ela pegou seu carro e dirigiu até a casa de Dona Luísa, sabendo que ela morava ao lado do centro do qual fazia parte.

Era uma casa tão modesta que nem campainha tinha. Por isso, ela bateu palmas e aguardou ansiosamente ser atendida. Logo, uma senhorinha de avental com uma colher de pau na mão apareceu, sorrindo para ela.

– Bom dia – cumprimentou a mulher com sua simpatia de sempre.

– Bom dia, Dona Luísa. Desculpe vir a essa hora, mas preciso muito falar com a senhora. Deve estar lembrada de mim, não? Sou a esposa do Jardel Carvalho...

– Oh, sim, minha querida. Lembro sim. Queira entrar, por favor.

– Pelo visto a senhora está cozinhando.

– Sim. Fazendo doce de laranja. Vamos conversar na cozinha se não se importar?

– Por mim, tudo bem.

Um minuto depois, Damaris se sentava à mesa da pequena cozinha da casa modesta da médium. A mulher espiou a panela e abaixou o fogo. Então, voltou toda atenção para a recém-chegada.

– Em que posso ajudá-la, minha querida? Soube que seu marido desencarnou essa semana, meus sentimentos.

– Obrigada. É exatamente por causa dele que estou aqui. Meu filho Bruno virá vê-la essa noite no centro, na esperança de que a senhora psicografe alguma mensagem do pai.

A mulher assentiu.

– O problema é que... – Damaris precisou respirar fundo para prosseguir. – O problema é que... Por meio da mediunidade, a senhora talvez descubra que meu finado marido não pode se comunicar com ninguém desse plano, não tão cedo. Caso o faça, receio que perca o controle sobre si e acabe dizendo ao filho o que não deve. Por isso, venho lhe pedir, encarecidamente, que só conte ao Bruno, meu filho, coisas boas. Mantenha a imagem de herói que ele tem do pai. A senhora pode me ajudar?

– Mas, minha querida – explicou a médium amavelmente. – Incorporada, não tenho controle quanto ao que a entidade poderá dizer ao rapaz.

– Não?!

– Não. Quando incorporo um espírito, torno-me seu canal para se manifestar, como assim preferir, com os encarnados. Na escrita mediúnica acontece a mesma coisa, psicografo o que eles me ditam, não o que eu quero. Se eu alterar qualquer coisa durante a psicografia, não estaria agindo corretamente, nem com os desencarnados, nem com os encarnados, concorda?

– Eu sei, mas não quero que o Bruno...

Damaris não conseguiu prosseguir, chorou.

– Filha, todos nós temos defeitos. Se seu marido tinha um ou mais, o filho precisa saber, para que possa encarar seus próprios defeitos, quando eles surgirem. Senão, ele viverá eternamente tentando ser perfeito numa jornada cuja evolução só se alcança por meio de erros e acertos. Por isso estamos aqui.

– Entendo o que diz, mas o Bruno, meu filho, vai desmoronar se descobrir...

A médium insistiu sem perder a calma:

– A verdade, seja ela qual for, poderá libertar o espírito do pai do rapaz. Inclusive, Jardel pode estar preso à Terra, com dificuldades para se adaptar ao plano espiritual, por causa desse segredo, digamos assim, que a senhora não quer que seu filho descubra. Pode estar aflito, por querer contar a verdade para o filho, e obter sua compreensão e perdão.

– Não! – Damaris interrompeu a médium. – Por vergonha, Jardel jamais contaria ao filho o que fez. Ele preferiria manter o segredo a ter de admitir que...

– Se seu marido pensa assim, não há por que se preocupar. Por meio da psicografia ele nada revelará ao rapaz.

– O que meu marido fez, com certeza não lhe permitirá chegar tão cedo a uma colônia espiritual. Por pensar que seu pai é perfeito, meu filho acredita que Jardel já está abrigado numa delas. E mais, que a essa altura, já reencontrou seu pai, morto há anos num acidente. Foi uma tragédia.

– Entendo a senhora. De qualquer modo, não posso lhe dar garantias de que seu filho nada saberá por meio dos espíritos. São eles que controlam o médium durante uma incorporação, não o contrário.

Damaris teve de aceitar o fato. Agradeceu a mulher e partiu.

No carro, de volta para casa, relembrou de todo drama vivido no passado. Bruno era muito criança para compreender o que realmente havia acontecido, mesmo porque, jamais falaram algo na sua frente e logo se mudaram para outra cidade, bem longe de alguém que pudesse lhe contar tudo devidamente.

Capítulo 4

Damaris havia acabado de passar roupas quando a campainha da casa tocou. Ao atender a porta, surpreendeu-se ao encontrar Gilmar, seu cunhado, parado ali.
– Gilmar, você aqui?! Que surpresa!
– Olá, Damaris. Como está passando?
– Bem, na medida do possível.
– Imagino como deve estar sendo difícil para você e o Bruninho.
– Ele continua arrasado. Amava o pai, você sabe. Jardel e ele foram sempre muito ligados.
– Sim. Posso entrar?
– Claro! A Regina não veio com você?
– Não. Vim só. Precisava conversar com você em particular, longe dela.
– Aconteceu alguma coisa? Algo grave?!
– De certo modo, sim! Andei metendo os pés pelas mãos e acabei caindo nas mãos de um agiota e bem... Minha situação é bem delicada no momento.
– Eu sinto muito, Gilmar.
– É exatamente por isso que vim te procurar, Damaris. Estou necessitado de um empréstimo. Se a Regina souber da minha situação, estou frito. Você é a única pessoa com quem posso contar...
Ela delicadamente o interrompeu:
– Mais uma vez, não é, Gilmar?
– Mais uma vez? Como assim, mais uma vez?
– Você já havia emprestado dinheiro do Jardel anteriormente.
– Sim, mas de você, nunca!
– Acontece, Gilmar, que o meu dinheiro é o mesmo que pertencia ao Jardel. Dinheiro que, por sinal, nem sei se existe, pois ainda não verifiquei as contas de banco desde que meu marido morreu. Estou sem cabeça para

isso e o Bruno também. Além do mais, segundo me recordo, você não saldou a dívida que tinha com o Jardel. E olha que ele jamais lhe cobraria juros.

– Eu sei, mas o Jardel está morto.

– E só porque ele está morto, você acha que...

O homem se enfezou:

– Quer dizer que você vai me negar...

– Não é questão de negar, Gilmar. Preciso conversar com o Bruno a respeito. Explicar-lhe a situação.

– Aquele moleque não sabe de nada. É um imaturo.

– Eu não diria isso. O Bruno é bem esperto.

– Esperto, Damaris, conte-me outra! O rapaz nunca soube dar um passo na vida sem a ajuda de vocês.

– Discordo.

– Se ele fosse esperto de verdade, já teria descoberto tudo sobre o passado de Jardel.

– Gilmar, por favor...

– É isso mesmo, Damaris. Você sabe, eu sei, alguns mais desconfiam, mas a verdade é uma só.

– Fale baixo, se o Bruno chega...

O sujeito riu com desdém.

– Quer dizer que você nunca lhe contará a verdade? Mesmo agora que o Jardel está morto, você continuará escondendo dele o que o pai dele foi capaz de fazer para...

– Gilmar, por favor!

– Minha cunhada, você só teve sorte na vida, porque se casou com um homem esperto. Se o Jardel não tivesse sido astuto, para não o chamar de pilantra, em respeito à sua memória, hoje vocês certamente não teriam onde cair mortos.

– Gilmar, por favor!

– É isso mesmo, Damaris! Se o Jardel não tivesse aceitado aquela proposta, vocês hoje...

O olhar assustado da cunhada fez Gilmar suspender o que dizia e olhar para trás. Ao avistar o sobrinho, um risinho de escárnio escapou-lhe pelo canto dos lábios.

– Vocês estão brigando? – questionou Bruno, alarmado com a alteração dos dois. – O que houve?

A mãe rapidamente respondeu:

– Não é nada, Bruno. Seu tio estava apenas discordando, como sempre, de um ponto de vista meu.

– Ele disse que o meu pai foi um homem esperto e, por isso, conquistou algo na vida. Se não tivesse sido, hoje nós certamente não teríamos nada.
– Seu tio está nervoso, Bruno.
– Mas foram essas as palavras dele. Um tanto desrespeitosas para alguém que morreu há menos de uma semana.
Gilmar se defendeu na mesma hora:
– Quer saber de uma coisa, Bruno? Já está mais do que na hora de você saber de tudo. Já tem idade para isso.
– Saber, saber o quê?! – alarmou-se o rapaz.
– Da verdade!
Damaris mais uma vez tentou impedir que o cunhado desse com a língua nos dentes:
– Gilmar!
O homem ignorou seu protesto:
– Conte tudo para ele, Damaris. Vamos!
– Você não sabe o que diz, Gilmar.
Gilmar, furioso, revidou no mesmo instante:
– Já que se recusa, eu mesmo conto. Seu pai sabia, sempre soube quem matou o seu avô.
– O quê?! Não, ele não sabia! Nunca soube.
– Ele sempre soube, Bruno. Testemunhou o assassinato.
– Não, isso não é verdade. Ele teria me dito. Ele não mentiria para mim! Nunca!
Explodindo numa gargalhada maldosa, Gilmar encerrou o assunto:
– Eu já vou indo, o resto é com a sua mãe, meu querido. Até!
Assim que o tio partiu, Bruno voltou a olhar amedrontado para Damaris.
– Mãe... O que o tio Gilmar sabe que eu não sei? Ou melhor, o que vocês sabem que eu não sei?
– Seu tio está sem dinheiro, Bruno. Gastou novamente mais do que devia e, por isso, está nervoso. Veio pedir algum emprestado e, quando recusei, ficou irritado dessa forma, a ponto de inventar absurdos sobre seu pai e eu, só para atrapalhar a nossa harmonia.
– A senhora ficou extremamente nervosa com o que ele disse.
– Porque ele só quer tumultuar a nossa vida, Bruno. Só isso.
– Mãe, ouça-me! Se a senhora não me disser a verdade, eu vou atrás dele para apurar os fatos. Se ele realmente está inventando coisas a respeito do meu pai, não vou permitir.
– Bruno, não se meta com o seu tio.
– Não tenho medo dele.

A mãe abaixou a cabeça, desolada, sem saber mais o que dizer. Diante do silêncio desconfortável que se estendeu a seguir, Damaris se sentiu incapaz de continuar lutando para ocultar a verdade. Puxou uma das cadeiras em torno da mesa e se sentou. Logo, seu rosto estava todo riscado de lágrimas.

Bruno parecia aguardar pacientemente pela explicação da mãe que, por fim, aprumou-se na cadeira, ergueu bem a cabeça e tentou mais uma vez encobrir o passado, dando um ar entusiasmado à sua voz:

– Esqueça isso, filho. Seu tio Gilmar estava nervoso. Falou aquilo sem pensar. Malcriação dele. Sempre falamos o que não devemos quando estamos nervosos. Não se fie nas palavras de ninguém, especialmente quando ditas em meio a uma discussão. Vamos voltar para os nossos afazeres e esquecer essa tolice de vez.

Levou um minuto para que Bruno respondesse e quando fez, sua voz se partiu:

– É verdade, não é? Tudo o que o tio Gilmar disse há pouco, é a mais pura verdade.

Damaris tentou novamente dizer alguma coisa e não conseguiu. O silêncio se estendeu lúgubre e incômodo até que Bruno voltasse a falar:

– É verdade, não é? Responda-me, mãe, por favor.

Numa voz pausada, Damaris retrucou:

– Pra que remexer o passado, Bruno? Pra quê? Seu pai está morto. Deixe-o descansar em paz.

– Será mesmo que ele pode descansar em paz?

A pergunta atingiu Damaris em cheio. Fez com que ela jogasse a cabeça para trás, por desespero. Bruno voltou a falar:

– Se o pai testemunhou o assassinato do vovô, por que ele não entregou o assassino a polícia? É só isso que eu desejo saber. Por quê?

A resposta de Damaris foi rápida e precisa:

– Se seu pai realmente conhecia sua identidade, ele teve lá seus motivos para se manter calado, Bruno.

– A senhora sabe quem é ele, não sabe?

– Não, não sei! – o tom dela foi decidido.

– Sabe sim, muito bem – o rapaz levou as mãos à cabeça num gesto desesperador. – Por que vocês esconderam o assassino do meu avô, durante todo esse tempo, mãe? Por quê?

As melhores intenções de Damaris foram por água abaixo.

– Se a senhora não vai me responder, eu vou atrás do tio Gilmar obter a resposta.

– Não faça isso, Bruno, em respeito à memória de seu pai que você tanto ama.

– Então me conte a verdade. Por favor! É tudo que lhe peço.

Ela esfregou a mão, forçando seu habitual sorriso:

– Não há nada para contar, filho. Esqueça isso!

O coração de Damaris martelava a mil por hora. Nunca se sentira tão envergonhada e tão impotente em toda a sua vida.

– Conte-me, mãe. Tenho o direito de saber. Trata-se do meu avô. Da morte estúpida que ele teve.

A mulher novamente encarou o filho, com seus olhos confusos e amedrontados, abriu a boca, mas não conseguiu emitir som algum.

O rapaz pareceu disposto a aguardar por sua resposta, nem que levasse décadas para ela começar a falar.

Depois de muito refletir, Damaris acabou concedendo ao filho, a única verdade disponível. Houve uma longa pausa antes de ela começar a falar:

– Se você quer saber a verdade, eu lhe direi, Bruno. – Ela novamente lançou-lhe um olhar duro e penetrante antes de prosseguir. – Eu lhe direi.

O tempo pareceu se congelar naquele instante.

Capítulo 5

Bruno observava atentamente a mãe enquanto ela falava.

– Na noite em que seu avô foi assassinado, seu pai havia ido até a cidade vizinha entregar alguns engradados de bebida para um bufê de lá. Seu avô decidiu esperar por ele no barracão de bebidas, quando foi surpreendido por um jovem que seu avô, muito cordialmente, tentara convencer a abandonar as drogas. O rapaz estava alterado, certamente porque havia ingerido alguma substância química. Começou a discutir com seu avô até que, subitamente, sacou uma arma e o ameaçou. Seu pai estacionava a caminhonete de entrega de bebidas bem naquele momento. Ao ouvir vozes elevadas, vindas do barracão, estranhou e se dirigiu para lá. Entrou no local bem no instante em que a arma era disparada.

Segundo seu pai, o indivíduo deu um passo à frente, para ver mais de perto sua vítima ao chão, esvaindo-se em sangue, agonizando de dor. Depois, deu meia-volta e quando estava prestes a partir, encontrou seu pai, horrorizado, olhando na sua direção.

"O que foi que você fez?", berrou Jardel indo para cima do sujeito.

Os dois rolaram no chão e entre um murro e outro, seu pai conseguiu desarmá-lo. Desse modo, o jovem, sentindo-se certamente acuado, fugiu, cuspindo sangue e respirando de forma ofegante. Partiu na sua moto, pelas ruas onde não se via vivalma àquela hora da noite, por ser inverno rigoroso.

Seu pai, tomado de desespero, correu para ajudar o pai baleado, mas já não havia mais o que fazer. O senhor Belmiro Carvalho estava morto.

Damaris fez uma pausa e Bruno comentou:

– Então o pai sabia, sempre soube quem assassinou o vovô.

– Sim, Bruno. Ele sabia e eu logo fiquei sabendo, porque ele me contou depois.

Nova pausa e Bruno falou, tomado de indignação:

– Se o pai conhecia a identidade do assassino, por que não fez justiça em nome do meu avô, mãe? Por que ele não entregou o sujeito à polícia?

Segundo me recordo, o crime nunca foi solucionado.

– Ele pretendia entregá-lo, sim, Bruno. Testemunhara o assassinato e ainda tinha, em seu poder, a arma que o rapaz usou e que, certamente, estava registrada no nome da família. Só que seu pai faria tudo isso, depois do sepultamento do seu avô. Naquele momento, ele teve de correr para providenciar o caixão, o túmulo e também estar presente para consolar a mãe, sua avó, diante da tragédia.

– Deve ter sido muito difícil para ele.

– Foi sim, filho. Hoje você sabe o quanto é difícil perder um pai.

– Se sei. Mas continue.

Damaris tomou ar e voltou a falar:

– Havíamos voltado do sepultamento de seu avô, já havíamos tomado banho e jantado, quando recebemos uma visita. Era por volta das oito da noite. Fui eu mesma quem atendeu a porta. Tratava-se de um senhor muito rico da cidade, muito influente e impiedoso até.

"Boa noite. O que posso fazer pelo senhor?", perguntei assim que o recebi à porta.

"O Jardel Carvalho está? Preciso falar com ele."

"Está sim. Queira entrar, por favor. Vou chamá-lo."

Fui até o quarto do fundo da casa, onde seu pai ficara ao seu lado, até você dormir. Era preciso, você estava agitado, mal dormira na noite anterior, devido aos últimos acontecimentos. Pois bem, assim que seu pai viu o homem, compreendeu no mesmo instante, o porquê de ele estar ali à sua procura. Cismada com a visita do sujeito, permaneci no corredor e, por isso, pude ouvir tudo o que conversaram.

"Jardel, precisamos conversar", disse o ricaço.

Seu pai, tomado de cólera respondeu sem pensar:

"O seu filho... O seu filho...", por mais que tentasse, ele não conseguia terminar a frase.

O homem, ligeiramente impaciente foi direto e objetivo:

"Tenho uma proposta para você, Jardel. Para compensar, de certo modo, o que houve."

"Nada pode compensar a morte do meu pai. Nada!"

"Concordo, mas o que está feito, está feito. Não há como remediar."

"Vou entregar seu filho à polícia logo mais."

"Antes, ouça o que eu tenho a lhe dizer. Eu poderia ter mandado alguém invadir o galpão, caindo aos pedaços, onde a tragédia se deu, em busca da arma ou de qualquer outra evidência que pudesse incriminar o meu menino, mas não fiz. Eu poderia também ter mandado alguém invadir sua casa, enquanto vocês estavam no velório do velho Belmiro, pelos

27

mesmos motivos e não fiz. Pelo contrário, estou aqui num gesto de paz e solidariedade, para lhe propor algo que possa redimir meu filho da estupidez que cometeu, ontem, ao cair da noite. Ouça-me! Não vai se arrepender."

A arma do crime, seu pai havia guardado num lugar secreto para que ninguém pudesse dar fim a ela.

As palavras do homem certamente impressionaram seu pai. Em silêncio ficou a ouvir o que o sujeito tinha a lhe dizer:

"Sei que vocês estão endividados. Que o galpão que serve ao depósito de bebida está em petição de miséria e o terreno, caso queiram vender, não vale muito. Essa casa, então... é também de dar pena. A situação financeira de vocês é realmente muito ruim. Sei que você já é casado e pai de um menino, por isso, pergunto-lhe: que futuro espera conseguir para ele e sua esposa, ficando estagnado nas condições em que se encontra? Responda-me, se for capaz."

"O senhor veio aqui para comprar o meu silêncio, é isso?"

"Não, seu tolo! Vim aqui para lhe propor a maior oportunidade que alguém já lhe deu, de subir na vida, de dar a volta por cima, de mudar para sempre sua condição financeira. É por isso que estou aqui. E uma chance como essa não cai do céu."

"Eu jamais..."

"Jardel, Jardel... Não me responda agora. Reflita antes de recusar a minha proposta. Não seja estúpido. Você tem um filho para criar. Um filho que certamente sentirá orgulho do pai ao saber que ele deixou de ser um pé de chinelo. Que pelo menos teve um patrimônio justo para lhe deixar de herança no futuro. Patrimônio, sim, é isso mesmo o que você ouviu. Sou um homem razoavelmente rico, por isso, tenho condições de lhe presentear com uma bela propriedade rural que vai poder transformá-lo num fazendeiro respeitável, se souber cultivar devidamente a terra."

Jardel mal podia acreditar no que ouvia.

"Pense bem, Jardel, é sua chance de dar um novo rumo para a sua vida, um recomeço."

Seu pai ficou realmente sem palavras diante de tudo que o sujeito lhe disse.

"Amanhã mesmo vamos ao cartório e passo a propriedade para o seu nome. Algo simples e eficaz. As terras não ficam tão próximas daqui, onde você nasceu e cresceu, mas ficam próximas de uma cidadezinha aconchegante no interior do Mato Grosso do Sul."

Tudo o que seu pai conseguiu dizer, foi:

"Terminou? É só isso que o senhor tem para me dizer?"

"Sim", respondeu o homem sem rodeios.

Seu pai foi até a porta da frente da casa, abriu-a e severamente pediu para o sujeito ir embora. Assim que ele se foi, apareci na sala e ao me ver, seu pai fechou os olhos em agonia, derramando-se em prantos novamente.

Sem delongas, fui até ele e o conduzi até o sofá onde o fiz se sentar e permaneci ao seu lado, massageando sua mão, procurando lhe transmitir algum conforto.

"Você ouviu tudo?", perguntou-me ele, quando conseguiu se recompor.

Afirmei que sim e novamente nos silenciamos. Por fim, seu pai indagou:

"Você acha mesmo que ele está falando sério? Acha mesmo que ele seria capaz de...?"

"Por um filho, Jardel, os pais são capazes de tudo."

"Eu sei."

Nesse momento, penso que seu pai voltou os pensamentos para você que dormia inocentemente no quarto dos fundos da casa. Depois, mediu o aposento em que estávamos, de cima a baixo, de lado a lado, enquanto novas lágrimas riscavam sua face.

"Ele tem razão", admitiu, referindo-se ao sujeito que acabara de falar com ele. "Estamos falidos... Veja essa casa..."

Eu me mantive calada, deixando-o desabafar; era preciso, pois lhe faria muito bem.

Por fim, fomos nos deitar, ainda que fosse cedo para isso, estávamos exaustos. Passáramos a noite em claro, velando o corpo do seu avô e...

Hoje, revendo o passado, penso que seu pai não conseguiu dormir direito naquela noite, a proposta mexera muito com ele. Na manhã seguinte, ele acordou cedo e eu também. Antes de deixarmos o quarto, ele me disse:

"Meu pai está morto, Damaris, nada o fará voltar à vida. Nem mesmo fazendo justiça à sua morte, pondo atrás das grades seu verdadeiro assassino, ele voltará à viver."

Eu sabia aonde ele queria chegar.

"Se eu entregar o assassino à justiça, ele certamente pegará alguns anos de prisão, mas com a ajuda de um bom advogado, porque o pai dele pode muito bem pagar por um, a pena será reduzida e ele logo estará solto por aí. Isso se ele for realmente condenado; por estar drogado, a defesa poderá muito bem alegar que ele matou meu pai, impensadamente. Nós, no entanto, permaneceremos na mesma pendura que nos encontramos agora."

Breve pausa e seu pai completou:

"Eu passei boa parte da noite pensando nisso, sabe? E cheguei à conclusão de que o melhor mesmo a ser feito, é aceitar a proposta, pois ela, pelo menos, poderá mudar nossas vidas para melhor. Compensar, como ele mesmo disse, a barbaridade que o filho fez. A prisão do delinquente nada fará por nós senão justiça, se realmente houver justiça."

Essas foram as palavras de Jardel. Por isso, logo depois do café da manhã, ele ligou para o sujeito dizendo que aceitaria a proposta.

Damaris novamente tentou defender o marido:

– A mudança de cidade também seria ótima para esquecermos o infeliz episódio. Além da oportunidade que se abriria para você, Bruno, no futuro. Seu pai pensou em você, filho! Especialmente em você. – Ela fez uma pausa de impacto antes de concluir: – Foi isso que o fez aceitar... "Meu filho crescerá feliz e com fartura. É nele que estou pensando", disse-me Jardel com veracidade.

Do cartório, seu pai seguiu diretamente para a delegacia onde finalmente prestou depoimento sobre o assassinato de seu avô. Afirmou que o encontrara já baleado e sem vida, quando entrou no barracão. De acordo com ele, chegara ali por volta das dezenove e trinta e não havia nenhum indício do assassino. Para todos contou a mesma história, sem alterar uma vírgula. No entanto, muitos perceberam suas contradições, afinal, durante o velório do pai, ele disse para quem quisesse ouvir, que entregaria o assassino nas mãos da polícia assim que sepultasse o pai. Chegou a se cogitar na cidade, que Jardel Carvalho estava sendo ameaçado pelo assassino, se abrisse a boca. Ele ou qualquer um de seus familiares pagaria com a vida se entregassem o assassino às autoridades.

Gilmar também estranhou sua atitude e ao nos visitar naquela noite, para saber por que ele havia feito aquilo, estranhou ver Jardel novamente entusiasmado com a vida, a menos de dois dias após a morte do pai. Quando Jardel lhe contou que havia recebido uma fazenda de herança e que iríamos nos mudar de cidade para a cidadezinha mais próxima da propriedade, para poder administrar o lugar, Gilmar teve certeza de que algo muito obscuro estava acontecendo.

Quando descobriu, por meio de um colega que trabalhava no cartório, que o velho ricaço da cidade havia passado para o nome de Jardel uma de suas propriedades, a mais humilde de todas, Gilmar ligou os pontos. Quando outros da cidade também ficaram sabendo do ocorrido, suspeitaram imediatamente do filho do sujeito que era envolvido com drogas.

Muitos sabiam dos problemas que o rapaz estava passando e que seu pai seria capaz de qualquer coisa para protegê-lo.

Bruno falou a seguir:

– Quer dizer então que nunca houve um tio distante... A fazenda que nos pertence, na verdade, foi adquirida em troca do silêncio do meu pai?

Damaris nem precisou confirmar.

O jovem levou as mãos à cabeça num gesto desesperador.

– Custo acreditar que o meu pai foi capaz de...

– Por sua causa, Bruno. Por nossa causa!

– Como a senhora acha que o vovô se sentiu ao saber de tudo isso, minha mãe?! Porque ele certamente, em espírito, tomou conhecimento do que aconteceu.

– Eu sei, filho, mas...

– Deve ter sido uma tremenda decepção para o vovô. Como está sendo para mim, agora. Meu Deus, o que meu pai fez com o pai dele foi desleal. Ele se deixou vender...

– Bruno, nós estávamos na pior.

– E daí? Justiça é justiça! – berrou o rapaz. – O cara que matou o meu avô, simplesmente por matar, continua sendo um assassino! O que é pior, um assassino impune.

– Bruno...

– Por isso que na outra noite a senhora ficou tão apreensiva quando eu lhe disse que meu pai já deveria estar numa colônia espiritual. A senhora sabia que isso não seria possível, não depois do que ele fez. A senhora presumiu, como eu também presumo agora, que o papai só pode estar no umbral a uma hora dessas. No umbral! Por isso a senhora também reagiu de maneira esquisita quando comentei que ele certamente encontraria o vovô por lá, porque ele não terá como encontrá-lo, estando no umbral. Ou não fará, por vergonha do que fez.

– Confesso a você que esse foi sempre o maior medo do seu pai. No começo, não, ele sequer pensou nessa possibilidade, estava desesperado por demais para pensar nisso. Mas depois que se lembrou da possibilidade do pai dele ter sobrevivido à morte, como espírito, Jardel temeu, sim, sua revolta. Penso que, desde então, ele nunca mais ficou em paz com sua consciência.

Bruno estava amargurado.

– Meu Deus, que decepção. Saber que nossas terras foram parar em nossas mãos, por meio de sangue derramado e impune. Não é certo. Não é.

– Seu pai nada lhe disse...

– Porque tinha vergonha, não é? A mesma que sinto dele agora.

– Não o queira mal, filho. Não lhe fará bem. Muitos no seu lugar, aprovariam a atitude dele para melhorar a condição financeira de sua família.

– Se a senhora foi conivente, é porque também aprovou o que ele fez.

– Lógico! Estávamos na pior. Financeiramente, não havia perspectivas de futuro.

– A vovó sabia disso? Tomou parte dessa história?

A cor novamente fugiu do rosto de Damaris.

– Sim, Bruno. Ela sabia. Não havia como esconder dela, uma vez que, ao aceitar a proposta, seu pai ganharia as terras que nos sustentaram até hoje. A princípio, seu pai teve muito medo de contar a ela, mas era preciso. Afinal, como explicaria a fazenda que ganhara em troca do seu silêncio?

"Mãe", disse Jardel com certa aflição.

Sua avó se manteve atenta ao que o filho poderia lhe dizer.

"O pai do assassino do meu pai, procurou-me para me fazer uma proposta, para que eu não entregue seu filho à polícia. Em troca do meu silêncio ele me dará cinquenta alqueires de terra para recomeçarmos a nossa vida."

Os olhos de Dona Isaura brilharam de espanto e indignação ao mesmo tempo.

"O que a senhora acha, mamãe?", perguntou seu pai, bastante aflito diante da figura materna.

Sua avó balançou a cabeça, de um lado para o outro, enquanto seus olhos novamente transbordavam em lágrimas. Jardel também chorou nesse instante. Por fim, ela disse:

"De que vale a minha opinião, Jardel, se você já aceitou a proposta?"

As palavras dela desmoronaram seu pai. Pensei que naquele instante, ele teria um treco. Em sua defesa ele falou com todas as letras:

"O sujeito está certo, mamãe. Estamos na pior e será sempre assim se não tivermos um empurrão na vida. Além do mais, cedo ou tarde, o banco vai tomar essa casa e o barracão de nós. Os terrenos devem valer alguma coisa para saldar parte da dívida no banco. Ficaremos dependentes do aluguel, se quisermos ter um teto sobre nossas cabeças. Além do mais, o papai está morto, nada pode alterar seu destino. Portanto..."

Nesse momento, acho que sua avó percebeu que seu pai tinha razão. O acordo abriria novas fronteiras para todos. Por isso, ela tomou suas mãos, beijou-as e, por meio de um simples olhar, fez ele compreender que, de fato, ter aceitado a proposta foi realmente a melhor opção para todos.

Bruno novamente abaixou a cabeça, decepcionado. Sua alma justiceira não aceitaria jamais deixar impune um assassino, ainda que ele lhe tivesse dado em troca a maior oportunidade do mundo para prosperar financeiramente na vida.

– Ponha-se no nosso lugar, Bruno? – arrematou Damaris, olhando com súplica para o filho. – Você também teria aceitado a proposta.

– Eu?! – Havia total indignação no seu tom de voz. – A senhora realmente não me conhece. Eu jamais aceitaria isso. Jamais!

Ele bufou:

– Vocês foram horríveis. O corpo do vovô nem havia esfriado no caixão e vocês estavam negociando a sua morte.

– Não, Bruno!

– É a mesma coisa! Imagino como o espírito do vovô deve ter se sentido diante disso tudo. Que decepção para ele. Que tristeza.

– Nós nem sabemos se a vida realmente continua após a morte, Bruno.

– Mesmo depois de todos os livros que a senhora leu, ainda duvida?

– Filho...

– A senhora prefere pôr em dúvida a imortalidade do espírito para se poupar das consequências.

Bruno novamente levou as mãos aos cabelos num gesto desesperador.

– O pai não pode ter feito isso. Não o meu pai, que era um homem digno, de caráter, honesto, ele não aceitaria uma coisa dessas.

Damaris novamente tentou defender o marido.

– Bruno, Jardel não poderia ter-lhe dado a vida que você teve nesses últimos anos, se não tivesse aceitado o acordo que fez com o pai do assassino do seu avô.

– Mesmo assim, isso é errado, mãe. Muito errado! Um assassino saiu impune do que fez. Foi acobertado por um acordo hediondo. Tem de pagar pelo crime que cometeu. Além do mais, se matou uma vez, é bem capaz de matar novamente; ou seja, ele continua sendo um perigo para a sociedade.

– Você não acredita em providência divina? Então. Deixe que ela se encarregue de dar a ele a devida punição. Será melhor assim.

– Não vou contar com isso, mãe. Justiça deve ser feita e pelo visto, pelas minhas próprias mãos, se não houver outro meio.

– Filho, você agora é o homem desta casa. Não se prejudique por causa disso. Mantenha-se concentrado em seus projetos, por favor. Além do mais, você está noivo da Priscila com quem pretende se casar em breve. Concentre-se nisso, Bruno, e esqueça o passado.

– Não vou conseguir, mãe. Eu me conheço o suficiente para saber que não vou conseguir. A senhora também me conhece. Sou um justiceiro desde menino, por isso decidi me graduar em Direito. Para defender os injustiçados, punir os verdadeiros culpados.

– Eu sei, Bruno, mas...

O filho novamente interrompeu a mãe:

– Preciso sair, para espairecer um pouco. Estou me sentindo sufocado aqui.

E mesmo sob os olhos preocupados da mãe, Bruno levantou-se e saiu. Logo estava a caminhar pela rua, acelerando o passo, com a cabeça a mil.

Bruno estava desorientado, com a sensação crescente de que alguma coisa haveria de morrer em meio ao choque com a verdade: a maneira como idolatrava seus pais ou a visão que tinha do mundo. Ou tudo, de uma forma geral.

Capítulo 6

Dali, Bruno Carvalho seguiu para um aglomerado de eucaliptos junto à divisa da cidade, onde se sentou ao chão e se recostou num tronco de árvore. Sua mente estava sombria e sentia pontadas no estômago. Tentou converter os sentimentos ruins em bons, a fim de que a angústia se desvanecesse e seu interior se pacificasse, mas não conseguiu.

Tinha dificuldade em enxergar além dos pontos púrpura que a claridade do pôr do sol incidia sobre seus olhos. Havia lágrimas novamente se acumulando ali, dessa vez, porém, eram de raiva.

Na escuridão de sua mente, Bruno reviu o rosto de Jardel e ouviu sua voz grave e suave ao mesmo tempo.

Não, seu pai não podia ter feito aquilo. Não era verdade, não podia ser. Se ele ao menos estivesse vivo e não estendido debaixo da terra, imóvel e frio, certamente se defenderia de tudo aquilo. Se pudesse encontrá-lo, em espírito, ele certamente articularia respostas inteligentes para se defender daquelas acusações absurdas.

Porém, se tudo fosse mesmo verdade, seu pai era um mentiroso. Um mau-caráter, oportunista e desalmado. Sua mãe também, por ter lhe apoiado quando decidiu aceitar aquela proposta indecente.

Bruno sempre tivera respeito pela verdade a tal ponto de ela ser uma reverência como se tem por um ser superior ou divino. Pela mentira, sempre tivera aversão, asco, revolta. Por isso, escolhera seguir a carreira de advogado, para defender somente as causas que acreditasse serem dignas de defesa.

Para ele, uma pessoa que conhecia a verdade e fingia não sabê-la, era tão mau-caráter quanto a mentira em si.

Desde muito cedo aprendera que uma mentira nunca acaba, torna-se uma bola de neve, um peso lento e corrosivo no coração de um homem. Tal como uma ferida que nunca cicatriza.

Subitamente, ele empurrou o pai de volta à morte, fechou a mente e partiu de volta para casa.

O tempo esfriou, o que o fez caminhar rapidamente pela calçada, olhando para o chão, como se o mesmo também não fosse mais de confiança. Nada mais lhe parecia ser de confiança.

Revendo Jardel novamente em pensamento, a vontade de lhe falar, de esclarecer tudo aquilo e pôr um ponto final no assunto, fez Bruno tomar a direção que levava ao cemitério da cidade, onde o pai havia sido sepultado, dias antes.

O lugar já estava fechado àquela hora, mesmo assim, não havia cadeado no portão que o impedisse de entrar. Ainda que tivesse um, o portão era tão baixo que qualquer um poderia pulá-lo.

O local estava deserto e rajadas de um vento frio inclinavam os pinheiros que ladeavam o local, ecoando um gemido assustador e desconfortável nos ouvidos.

Seus passos foram se tornando maiores, tão grandes quanto a necessidade de alcançar o túmulo do pai.

As flores que haviam sido deixadas ali, para cobrir a cova triste e solitária em que o corpo de Jardel havia sido sepultado, perdera boa parte de suas pétalas com as rajadas de vento dos últimos dias.

Diante do local, com os olhos explodindo em lágrimas, Bruno Carvalho falou:

– Pai... – a voz lhe faltou por diversas vezes. – Converse comigo, pai, por favor.

E num rompante de raiva e desespero, o rapaz se ajoelhou rente ao túmulo e começou a tirar as flores que haviam ali, com gestos bruscos e acelerados. Depois, começou a cavar a terra com as mãos, para reabrir o local e poder rever o pai que de algum modo, na sua loucura momentânea, voltaria à vida dentro daquele corpo em decomposição, para lhe responder tudo o que ele almejava saber.

Não levou mais do que alguns minutos para Bruno voltar a si e perceber que seu gesto não daria em nada. Ali só restara o corpo físico de seu pai, seu espírito estava longe, se quisesse se comunicar com ele, haveria de ser por intermédio de um médium decente e respeitado.

Por outro lado, ele já não sabia mais se queria dialogar com Jardel. A mãe não mentira, tudo o que dissera a seu respeito era a mais pura verdade. Ou ele aceitava os fatos, ou viveria doravante querendo cobrir o sol com a peneira.

Cinco minutos depois, Bruno partia do cemitério. O frio piorou, seu queixo tremia, tamanho o gelo repentino.

Numa extremidade da rua, havia um boteco e o rapaz decidiu ir para lá onde pediu uma dose de bebida alcoólica bem forte. Tomou-a num gole só e quando o dono do local, por trás do balcão, percebeu seus tremores, aconselhou-o:

– É melhor tomar outra dose, meu rapaz. Isso irá esquentá-lo. Onde você estava com a cabeça, ao sair sem um agasalho num fim de tarde frio como esse?

Bruno nada respondeu, apenas aceitou a sugestão, puxando um banco alto para se sentar mais confortavelmente diante do balcão.

O proprietário do local serviu-lhe então uma dose de conhaque.

– Tome-a num gole só – recomendou. – Isso acabará num instante com seus calafrios.

Intimamente, Bruno duvidou que aquilo fosse possível. Seu problema não era o frio e sim, a revolta e a indignação por tudo que descobrira naquela tarde; era isso que estava fazendo seu sangue gelar e latejar por trás de seus olhos castanhos.

Ao entornar a dose, o aroma adocicado da bebida envolveu sua cabeça, atingindo a base do seu nariz como um golpe. O ambiente pareceu se inclinar para um lado, depois para o outro, até se endireitar.

– Muito bom, não é mesmo? – observou o dono do boteco, querendo ser gentil.

Bruno assentiu e disse:

– Vou tomar mais uma...

– Se é pelo frio, já tomou o suficiente – respondeu seriamente o dono do estabelecimento. – Uma dose a mais, apenas mais uma, pode derrubá-lo. Eu não tomaria, a menos, é claro, que queira ser derrubado. Há pessoas que querem. É o seu caso?

Bruno desviou o olhar para o espelho da prateleira de bebidas, onde pôde ver seu triste semblante, o que lhe deprimiu bastante.

O dono do estabelecimento voltou a falar:

– O meu interesse aqui é o de vender bebidas, é obvio. Quanto mais eu vender, melhor será o meu lucro, mesmo assim, previno todos que vêm a esse lugar. Bebida alcoólica em excesso pode destruir uma pessoa e até mesmo, sua família. É meu dever como cidadão e amor ao próximo fazer esse alerta. Se um sujeito quer se embebedar, que faça por sua conta e risco. Eu pelo menos o avisei.

Sorrindo amigavelmente, o sujeito completou:

– Eu certamente me sentiria melhor vendendo refrigerantes para garantir meus trocados no final do mês, mas poucos são aqueles que frequentam um boteco em busca deles. O que todos querem num lugar como esse é mesmo se embebedar, geralmente para esquecer dos seus problemas ou relaxar, já que não conseguem por meios mais saudáveis.

Bruno abaixou a cabeça e o sujeito novamente falou com cordialidade:

– Qual é o seu problema, rapaz? Não me diga, a não ser que queira. Seja qual for, não é na cachaça que você vai encontrar a solução. Acredite! Só mesmo com fé em Cristo é que você será capaz de resolvê-lo. Com fé, todos os obstáculos serão superados.

– Por que está me dizendo tudo isso? – questionou Bruno seriamente.

– Porque você é jovem. Muito jovem para tentar afogar suas mágoas ou esquecer seus problemas, por meio da cachaça. Erga sua cabeça, respire fundo e volte para sua casa, rapaz. Há uma vida inteira pra você viver. Não desista!

– Mesmo que sua vida tenha virado do avesso? Mesmo quando você descobre que as pessoas em quem mais confiava, mentiram a vida toda pra você?

– Rapaz, todo ser humano é imperfeito. Se não fosse, certamente não estaria aqui neste planeta. Não sei dizer a você, se as pessoas que o decepcionaram merecem perdão, isso só Deus sabe, mas se você os perdoar, você se sentirá bem melhor. Acredite.

Bruno nada respondeu, apenas pagou pela bebida e partiu, com as palavras do sujeito ecoando na sua mente conturbada.

Capítulo 7

No caminho de volta para casa, Bruno Carvalho decidiu tomar novamente outra direção. Minutos depois, chegava a casa da noiva.

Ao vê-lo, Priscila Camargo imediatamente percebeu que algo de muito grave havia lhe acontecido. Alguma coisa o atingira em cheio e não fora algo comum.

Ainda que Bruno estivesse imundo, ela carinhosamente o abraçou, enquanto ele se deixou chorar nos seus braços.

– O que houve, meu amor?

Ele queria falar e, ao mesmo tempo, não, por vergonha. Isso fez com que o rapaz permanecesse temporariamente absorto, enquanto suas mãos se contraíam num gesto nervoso e involuntário.

Por insistência dele, o casal permaneceu na varanda da casa, onde Bruno, minutos depois, conseguiu se abrir com a jovem. Baixinho, detalhou para ela, tudo o que descobrira naquele dia e o martirizava desde então.

– Bruno, meu amor, eu nem sei o que dizer... – murmurou Priscila quando ele lhe deu chance de opinar.

– É chocante, não é?

– Sim, mas...

Ele a interrompeu bruscamente:

– Me sinto destruído, Priscila.

– Não é pra menos, mas...

Ele se levantou, foi até a pilastra da varanda e a esmurrou com os punhos fechados. Priscila podia sentir sua raiva aumentando além de qualquer controle.

– Meu amor, ouça-me – Priscila o acudiu. – Olhe para mim, por favor.

Ele não conseguiu e ela insistiu:

– Bruno.

Ele respirou fundo e atendeu ao seu pedido. Ela o conduziu novamente para o banco onde estavam sentados, entrelaçou sua mão na dele e pediu com cautela:

– Calma. Quero te ajudar.

Os olhos dele brilharam novamente aflitos e emocionados.

– Perdoe seu pai, Bruno. Perdoe sua mãe e todos os envolvidos nessa situação. Isso lhe fará muito bem. Acredite. Aprendemos isso no Espiritismo, numa das palestras com Dona Luísa, recorda-se? Só o perdão liberta!

Ele se fez sincero mais uma vez:

– Não vou conseguir, Priscila. Não vou.

– Vai sim. Eu lhe darei apoio.

– Agradeço, mas...

– Vamos falar com Dona Luísa no centro espírita. Hoje está aberto. Ela certamente poderá ajudá-lo com o auxílio do mundo espiritual. Além do mais, um passe lhe fará muito bem. Mas antes, vamos comer alguma coisa. Aposto que você está de barriga vazia desde que...

– Obrigado, Priscila – agradeceu Bruno rapidamente –, mas não quero que seus pais me vejam nesse estado.

– Entendo. Então me aguarde aqui, vou até a cozinha fazer um lanche para você e depois iremos ao centro, pode ser?

Bruno acabou aceitando a sugestão. A visita ao centro sempre lhe fazia muito bem, receber um passe era sempre muito benéfico.

Diante da médium, Bruno explicou todo o seu drama. Para aconselhá-lo devidamente, Dona Luísa fez uma prece, pedindo orientação aos espíritos de luz que a acompanhavam. Com o auxílio do mundo espiritual, ela aconselhou o rapaz:

– Meu jovem, as coisas podem ser muito mais fáceis de serem superadas, se você colaborar para isso. Arranque o véu do rancor sobre a situação e veja o que sobra. Tire o ódio do coração e veja o que encontra. Tire as exigências absurdas do ego e da vaidade e veja o que resta. Só o bem, eu lhe garanto.

– Sim, mas...

– Ou você opta por dar um ponto final nessa história e se liberta desse mal-estar que está sentindo e tende a piorar, ou continua sofrendo, correndo o risco de nunca mais reencontrar a paz que desfrutou até horas atrás. O poder está em suas mãos.

Diante dos olhos revoltados de Bruno, Dona Luísa achou melhor lhe dar um passe, tão necessário e libertador para um ser humano diante das intempéries da vida.

Priscila agradeceu imensamente a médium que procurou tranquilizá-la com palavras de calma e lucidez. Bruno também agradeceu Dona Luísa que, mais uma vez, com palavras fraternas lhe disse:

– Vá com Deus e Jesus no coração, meu querido.
– Obrigado.
Assim que o casal deixou o pequeno e humilde centro da cidade, seguindo pela calçada, Priscila comentou:
– Amanhã, você estará se sentindo bem melhor, meu amor.
– Estarei, sim – concordou Bruno rapidamente. – Mas nada me fará mudar de ideia quanto a fazer justiça com as próprias mãos.
Priscila gelou:
– O que você quer dizer com isso, Bruno?
– Preciso mesmo dizer, Priscila?
A jovem novamente estremeceu.

Ao voltar para casa, Damaris estava tomada de preocupação.
– Bruno! Onde você esteve? Quer me matar de preocupação?
Sem olhar para a mãe, o filho respondeu com voz entrevada:
– Fui até a casa da Priscila e...
A mãe foi até ele e se surpreendeu com seu mau cheiro.
– Vá tomar um banho, você está fedido.
Ele assentiu e somente quando se reuniu com ela para jantar, é que relatou com maiores detalhes, seus atos depois de ter saído de casa, naquele fim de tarde.
O rosto dele estava vermelho e a voz saía tensa pela garganta. Damaris ouviu tudo sem opinar, ele precisava desabafar, bem sabia ela e, por isso, deixou-o falar sem interrupções ou julgamento.
O caldo só entornou quando Bruno informou a mãe que pretendia partir em busca do assassino de seu avô, o quanto antes. Estava disposto a fazer justiça pelas próprias mãos e nada o faria mudar de ideia.
Isso fez com que Damaris fosse muito precisa nas palavras:
– Filho, não faça isso. Deixe essa sua maldita ideia morrer e jogue terra por cima dela.
– Não vou conseguir.
– Bruno...
– Não adianta! – berrou o rapaz. – Não vou sossegar enquanto não expor o assassino do meu avô à sociedade que ele pertence.
– Você nem tem provas para incriminá-lo. A arma do crime foi entregue para o pai do rapaz e, com certeza, não há mais como relacioná-la ao assassinato.
– As evidências podem ter se apagado. Mas o peso na consciência daquele filho da mãe, não!
– O que a Priscila pensa disso? Você certamente falou com ela a

respeito, não?

— Falei sim. Ela é da mesma opinião que a senhora. Mas eu, não! Estou mesmo determinado a fazer justiça e farei, de algum modo. Amanhã mesmo parto para Campo Belo em busca do sujeito.

— Você nem sabe se ele ainda mora lá.

— Certamente que sim. Se não, saberei quando lá chegar.

— Vai mesmo insistir nessa ideia, Bruno? Pelo visto, vai! O que me deixa muito preocupada. Especialmente com a sua segurança. O sujeito certamente se rebelará contra você. É capaz até de matá-lo. O que será uma desgraça para mim, Bruno. É isso que você me deseja?

— Sem dramas, mãe. Por favor.

— Estou-lhe precavendo, Bruno. Mexer com o passado é o mesmo que mexer com uma colmeia tomada de abelhas. Você certamente sairá picado da situação.

O rapaz estava mesmo irredutível.

— O nome do desgraçado, mãe. Ou eu terei de perguntar ao tio Gilmar.

— Não me fale no seu tio.

— Então... A senhora vai me dizer o nome do demônio ou...

— Bruno.

— Mãe.

Damaris se viu encurralada. O clima pesou entre os dois. Percebendo de vez que de nada adiantaria retardar o inevitável, ela falou:

— O nome dele é Valdecir Pascolato. Nunca mais soube dele, nem seu pai, acredito. Se soube, nada comentou comigo. Talvez ele ainda more lá, talvez não... Mas isso você logo descobrirá.

— Sim. Amanhã mesmo partirei atrás do demônio.

Damaris assentiu com lágrima nos olhos.

— E o pai dele, como se chamava?

— Valdemar Pascolato. Não sei se ainda está vivo.

— Tomara que esteja. Pois quero muito ver sua face, quando eu desmascarar o filho dele perante a sociedade e a polícia.

— Eu ainda acho que você está brincando com fogo, Bruno. E quem brinca com fogo, acaba se queimando.

— Quero apenas fazer justiça, minha mãe. Uma justiça merecida em nome do meu avô. O avô que tanto amei e que também me amava. Ele merece justiça. E ela será feita, ainda que tardia.

E o vento frio da recordação oprimiu o peito de Damaris mais uma vez.

Capítulo 8

Nesse ínterim, no plano espiritual...

O ódio por ter desencarnado tão jovem e repentinamente, fez o espírito de Jardel Carvalho ser atraído para o umbral. O sentimento de culpa que tanto mal faz a todos, também o impedia de sair dali, além do receio de reencontrar seu pai no plano espiritual, e ser reprendido pelo acordo que fizera com o pai de seu assassino.

No umbral, encontravam-se outros espíritos tomados de revolta, ódio e rancor pelos destinos que haviam traçado para si mesmos com atitudes indevidas.

Dessa forma, a travessia entre os dois mundos tornava-se desastrosa para esses indivíduos que poderiam mudar de plano, de uma forma mais branda e pacífica.

Espíritos socorristas tentavam resgatar esses espíritos dali, mas muitos recusavam ajuda, por estarem completamente dominados pelo ódio, rancor e revolta.

Ao saber que Jardel havia desencarnado, seu pai quis ir ao encontro do filho, no mesmo instante. Só então ficou sabendo das condições precárias em que ele se encontrava e decidiu ajudá-lo.

Com a permissão dos espíritos superiores, Belmiro Carvalho seguiu para o umbral, acompanhado de dois espíritos socorristas, na esperança de convencer Jardel a se libertar do mal que o prendia àquele lugar tão triste.

Dirigindo-se para as profundidades do umbral, o homem que ali pisava pela primeira vez jamais desejou visitar o lugar novamente. Era triste demais, deprimente demais. Era como se percorresse um longo e extenso campo de batalha, dominado por um vento frio e cortante. Um lugar onde a maioria rastejava em meio a labaredas de fogo, feito vermes sem rumo e sem noção de onde estavam.

Mais uns passos e Belmiro parou ao avistar o filho, todo encolhido, parecendo agonizar de dor. Seria ele mesmo?, perguntou-se o homem, horrorizado com o que via. A confirmação partiu de um dos espíritos que o acompanhava:

– É ele sim, senhor.

Belmiro levou as mãos à boca. Era triste demais para um pai encontrar um filho naquelas condições. Triste e revoltante.

Demorou até que ele se dirigisse a Jardel. Antes, era preciso se recuperar do impacto que a visão do filho, em condições tão deploráveis, havia lhe causado. Belmiro queria ficar diante do Jardel, demonstrando força e coragem, porque isso certamente o estimularia a se libertar dali. Só mesmo quando se sentiu pronto é que caminhou até o filho.

Demorou para Jardel perceber que havia alguém ali parado, rente a ele, em pé. Quando notou, mal pôde acreditar no que via.

– Pai... – balbuciou tomado de emoção.

Jardel esperou encontrar desprezo nos olhos do pai. Desprezo, revolta e indignação. Contudo, havia apenas compaixão a brilhar em seus tristes olhos gris. O homem, sem conseguir dizer nada, a princípio, devido à forte emoção, limitou-se a admirar o rosto do filho, enquanto lágrimas rolavam por sua face.

Jardel sacudiu a cabeça, desmoronando.

– Não pode ser...

– Sou eu, sim, Jardel... Seu pai.

Jardel sentiu vontade de enlaçar o pai, abraçá-lo com força e ser abraçado por ele, na mesma medida. Queria demonstrar toda sua intensa compaixão e amor por sua existência, mas a vergonha que tinha de si mesmo, pelo que fizera àquele que impiedosamente o assassinara, fez ele se contrair e esconder seu rosto por entre as mãos.

– Jardel, meu filho...

Jardel, com muito custo falou:

– O que faz aqui, papai?

– O que faço aqui, filho?! Ora, vim buscá-lo.

– Buscar-me?! Não! Vá embora! Esse lugar ainda é pouco para mim.

– Não diga isso, Jardel.

– Digo, porque é verdade.

A frase desmontou de vez o espírito de Jardel Carvalho.

– Olhe para mim, filho. Por favor – insistiu Belmiro. – É assim que me recebe, depois de tanto tempo sem me ver?

– Não sou digno do senhor, meu pai. Deixe-me aqui.

– Deixá-lo aqui?! – indignou-se Belmiro no mesmo instante. – Nesse lugar triste e infeliz?

– Estou aqui porque fiz por merecer, meu pai.
– Do que se culpa tanto, Jardel?

Jardel não conseguiu responder, nova onda de emoção cortou-lhe as palavras.

– Filho – insistiu Belmiro mais uma vez. – Não vê que estou louco de saudades de você? Que necessito de um abraço seu?

– Tenho vergonha de encarar o senhor, meu pai. Muita vergonha.

– Jardel, não vim aqui para julgar seus atos, tampouco repreendê-lo pelo que fez. Vim aqui porque o amo. A vida nos uniu, porque nos amamos. É por isso que estou aqui, só por isso. O que você considera vergonhoso da sua parte não me pertence, isso você tem de resolver com a sua própria consciência. Mas o meu amor por você, esse eu jamais permitirei que se destrua, por nada desse universo infinito que habitamos.

As palavras novamente surpreenderam Jardel. Novamente, ele ousou encarar o pai, que aguardava por um sorriso seu e uma atitude positiva em relação a sua chegada.

– O senhor não tem ideia do que fui capaz de fazer, depois que o senhor foi assassinado. Fui desleal, senti tremenda vergonha. Sou um homem sem caráter, sem honra.

– Calma, Jardel.

– Quando o senhor souber de tudo, nunca mais haverá de me olhar novamente nos olhos. Vai sentir tanta raiva de mim, tanto ódio e repugnância que...

Belmiro o cortou:

– Eu sei de tudo, filho.

As palavras do homem surpreenderam o espírito do filho. Isso fez Jardel novamente encarar o pai e perguntar:

– Sabe?!

– Sim, Jardel, eu sei.

– Não pode saber. Já estava morto. Morto quando eu aceitei...

– Filho. Eu não morri, apenas desencarnei. Caso contrário, não estaríamos conversando agora.

– Quer dizer...

– Sim. Como espírito, tomei conhecimento do que você fez, do que achou ser o melhor para você e sua família.

– E mesmo assim...

– E mesmo assim estou aqui, Jardel. Para ampará-lo nesta nova jornada.

– Eu não mereço sua ajuda, pai. Eu o traí.

– Não, filho. Você apenas fez o que achou melhor para sua família, diante da péssima situação financeira em que se encontravam. Jamais sentiria mágoa de você pelo que fez. Eu sempre o amei e, nesse amor de pai para filho, não cabe nenhum tipo de ressentimento, rancor ou crítica. É apenas amor, um amor puro e incondicional.

As palavras de Belmiro novamente surpreenderam Jardel. Então, Belmiro se agachou rente a Jardel, tocou-lhe o braço e disse:

– Levante-se, filho. Levante-se e venha comigo. Eu o ajudo.

Os olhos de Jardel novamente explodiram em lágrimas.

– Papai...

– Venha, Jardel. Eu o ajudo.

Belmiro não sabia por quanto tempo perduraria a luta do filho contra a libertação da própria alma, mas estava disposto a aguardar.

Com o auxílio dos espíritos socorristas e do próprio Belmiro, Jardel se levantou, apoiando-se nos braços do pai.

– Isso, Jardel – incentivou Belmiro. – Apoie-se em mim.

De frente para o pai, olhos nos olhos, Jardel novamente se emocionou.

– Eu estava pensando... – Belmiro imprimiu um tom ainda mais firme à voz: – No quanto eu desejei revê-lo, filho.

Aquelas palavras, ditas com tanta sinceridade, fizeram Jardel sorrir e finalmente abraçar o pai, como tanto queria.

– Pai – ele chorou no seu ombro. – Que saudade, meu pai...

Belmiro retribuiu o abraço forte e repleto de emoção.

– Que bom revê-lo, papai. Que bom saber que está bem, cheio de ânimo apesar dos pesares.

Jardel novamente intensificou o abraço e prosseguiu:

– Desejei tanto reencontrá-lo! Ainda que tivesse muito medo da sua reação, pelo acordo que fiz com o Senhor Valdemar, eu queria muito revê-lo. Era muita saudade. O meu amor pelo senhor, nem se fala. Ao me aproximar da doutrina Espírita, quis muito, por meio de uma médium, receber uma carta psicografada do senhor.

– E eu a escrevi, Jardel. Mas você...

– Eu não acreditei, é verdade. Queria muito que fosse real...

– E era.

– Mesmo assim, não acreditei.

– Deveria, pois, por meio dela, eu lhe dava o meu perdão para você tirar o peso da consciência e se sentir perdoado.

– Sim, mas eu achei que era uma carta forjada pela médium, só para me tranquilizar.

– Acontece. A maioria quer muito contatar seus entes queridos por meio de médiuns honestos, mas na hora agá, duvidam de sua capacidade.

– Pois é.

O rosto de Jardel relaxou um pouco mais e um novo sorriso resplandeceu em sua face.

– E agora, papai? Para onde vamos?

– Para uma colônia espiritual, onde você receberá ajuda e tratamento no Ministério da Regeneração.

– Que lugar é esse, pai?

– Você logo saberá.

E para lá seguiram pai e filho, acompanhados dos dois espíritos socorristas que tinham acompanhado Belmiro para resgatar Jardel Carvalho do umbral.

Em Nosso Lar, Jardel pôde tirar o peso que oprimia sua alma e dar início a uma nova etapa de sua existência. O reencontro com sua mãe também foi emocionante. Mal sabiam eles, contudo, acerca dos rumos que a vida de Damaris e Bruno tomavam no plano terrestre.

Capítulo 9

Na manhã do dia seguinte, como havia prometido, Bruno Carvalho partiria rumo a cidade de Campo Belo, determinado a encontrar Valdecir Pascolato, assassino de seu avô, para fazê-lo pagar pelo crime que cometera. Por nenhum momento o rapaz temeu que o sujeito fosse capaz de repetir com ele o mesmo que fizera com seu avô. Damaris, mais uma vez, tentou impedi-lo de fazer aquilo que, na sua opinião, seria uma loucura, mas Bruno não a ouviu. Quieto, tomou o café da manhã e, sem delongas, dirigiu-se para a garagem para apanhar seu carro.

Ao abrir o portão, avistou Priscila parada em frente a casa, olhando na sua direção. Bruno foi até ela e a cumprimentou. A jovem, muito seriamente, lhe perguntou:

– Você vai mesmo pôr em risco a sua vida, Bruno? A minha vida, o nosso futuro? É isso mesmo que você quer, por causa de um passado que não pode mais ser remediado?

O rapaz respondeu sem titubear:

– Há um assassino solto por aí, Priscila. Um assassino que não pagou pelo que fez.

– Deixe que a vida se encarregue disso, Bruno.

– Não confio na vida.

– Meu amor...

– Não sossegarei enquanto não esfregar na cara desse sujeito a minha indignação pelo que ele fez ao meu avô. Se hoje ele tem uma família, sua família tem de saber quem ele é de verdade, o que esconde.

– Ele já matou uma vez, Bruno, pode matar novamente. Você pode ser sua segunda vítima.

– Ou a terceira, quarta, sabe-se lá se ele já não matou outros e escapou também impune.

– Bruno, mais uma vez, eu lhe peço...

– Eu sinto muito, Priscila, mas não posso atender ao seu pedido.

Agora preciso ir.

Nunca ele fora tão ríspido com ela. Visto que de nada adiantaria fazê-lo mudar de ideia, a jovem lhe deu passagem para sair com o carro e se juntou a Damaris, que acalentava a esperança de que Priscila pudesse convencer Bruno a mudar de ideia.

– A senhora viu que eu tentei, Dona Damaris.

– Vi sim, minha querida. Tanto você quanto eu tentamos preveni-lo. Que Deus o proteja.

– Sim. Que Deus o proteja.

E as duas olharam novamente para a rua por onde Bruno havia seguido, dirigindo seu veículo.

Enquanto dirigia, Bruno só tinha um pensamento: fazer justiça, justiça, justiça, ainda que esta fosse apenas moral. O rapaz chegou a cidade por volta das quatro horas da tarde e, até localizar a residência de Valdecir Pascolato, demorou pelo menos meia hora. Estacionou seu veículo a uma quadra de distância da casa do sujeito em razão da quantidade de carros estacionados ali.

Bruno caminhou até a morada de Valdecir e quando se viu diante dela, respirou fundo e, a passos decididos, entrou, pois tanto o portão quanto a porta da frente da casa estavam abertas. A passos compenetrados, ele adentrou a sala cheia de pessoas de diferentes idades e parou de estalo ao avistar um homem alto e magro, de face comprida como a de um cavalo, sentado numa poltrona, olhando vagamente para o nada.

Ao vê-lo, o sujeito franziu o cenho, ficando a olhar para Bruno com olhos duros e marejados. Ao seu lado estava uma mulher, provavelmente a esposa, que também passou a observá-lo com olhos inquietos e lacrimejantes. Diante do silêncio do recém-chegado, o dono da casa se manifestou:

– Você veio por causa do André?

As sobrancelhas de Bruno se arquearam numa interrogação.

– André?

– Sim, meu filho.

– Não.

– Não?

– Não – reafirmou Bruno com certa impaciência.

– O que o traz aqui, então? – perguntou Valdecir, olhando mais atentamente para o recém-chegado.

– Procuro Valdecir Pascolato. Esta é a casa dele, não é?

Houve uma longa pausa até o sujeito responder:

– Valdecir Pascolato sou eu, meu rapaz. O que deseja?

Bruno lançou um olhar grave e confiante pelo divino direito de estar ali, naquela hora.

– O senhor é mesmo Valdecir Pascolato? Filho de Valdemar Pascolato?
– Sou. O que quer comigo?

Agora era Valdecir quem lançava sobre Bruno um olhar duro e desconfiado. Todos ali perceberam a tênue hesitação antes de o recém-chegado dizer ao que vinha.

– Sou o neto de Belmiro Carvalho. Lembra-se dele, não?

O rosto do sujeito se iluminou.

– Como poderia esquecê-lo, não é mesmo? – emendou Bruno com cinismo.

Movido por um obscuro instinto de defesa, Valdecir Pascolato respondeu:

– Não me recordo de ninguém com esse nome.

As sobrancelhas de Bruno novamente se arquearam e, no mesmo tom severo, ele retrucou:

– Recorda-se. Recorda-se muito bem! Ao anoitecer do dia 9 de junho de 1992, por volta das dezenove horas, você matou Belmiro Carvalho a sangue frio, no barracão de bebidas em que ele trabalhava. Belmiro Carvalho era meu avô e eu tinha apenas nove para dez anos quando isso aconteceu.

Uma jovem ali próximo observava a todos enquanto Bruno falava. Valdecir lançou um sorriso falso para os presentes e disse, engrossando a voz:

– Que história mais sem cabimento é essa, rapaz? Se veio aqui para me insultar, retire-se desta casa, agora.

– Não até que todos saibam quem você é na verdade. Não até que conheçam detalhadamente o crime hediondo que carrega na alma e polui o seu coração.

Valdecir definitivamente não esperava por aquele rompante de raiva, tampouco saberia como se livrar dele.

– Esse homem – continuou Bruno, voltando-se para os presentes que olhavam chocados na sua direção. – Esse homem aqui é um assassino. Matou meu avô e para se livrar da cadeia, o pai dele fez um acordo com o meu. Comprou seu silêncio em troca de terras. Se posso provar tudo isso? Sim, eu posso! Está tudo detalhado na escritura de doação da propriedade. Ela pertencia a Valdemar Pascolato até a data de 11 de junho de 1992, dois dias depois do meu avô ter sido assassinado por esse desalmado. Meu pai só aceitou a proposta, porque na ocasião estava na pior, financeiramente. Mas isso não apaga o crime que esse sujeito cometeu. Ele continua sendo um assassino.

E voltando a atenção para Valdecir, Bruno inquiriu:

– Me diz. Como é que você conseguiu dormir tranquilo durante todos esses anos, carregando nas costas um crime que cometeu a sangue frio? Diz. Acho que todos aqui querem saber.

A aflição de Valdecir tornou-se transparente. Seus filhos olhavam agora para o pai, escandalizados, e também os demais presentes naquela sala. Valdecir, num rompante de raiva, ficou de pé num pulo e novamente se defendeu:

– Isso é mentira! E se fosse verdade, você não tem como provar!

Pelo tom de voz do marido, a esposa notou que aquilo realmente o atingira em cheio. Bruno não se deu por vencido:

– O senhor tem mesmo certeza do que diz? Pelo estado que se encontra, denota-se a veracidade dos fatos.

Valdecir redarguiu no mesmo instante:

– É obvio que tenho certeza.

Havia algo de perturbador no tom de Valdecir, que fora percebido pela sua esposa, tão chocada quanto todos ali com o que estava acontecendo.

Bruno não deixou por menos:

– Então me diz, Senhor Pascolato, qual é a razão de todo esse nervosismo?

O homem se alterou ainda mais:

– Você ainda me pergunta, qual é a razão de todo esse meu nervosismo? Ora, moleque... Você invade a minha casa, me acusa de assassino, justamente no dia da morte do meu filho!

As palavras do sujeito atingiram Bruno como um soco na boca do estômago.

– Morte?! Filho...

– Sim! Meu filho! E ele tinha apenas 18 anos.

E o homem começou a chorar, convulsivamente. Há quem nunca poderia imaginar que um homem feito Valdecir Pascolato pudesse chorar daquela forma. Para muitos, era vergonhoso ser visto em tal condição, por isso, sufocavam no peito tamanha dor. Mas ele não suportou mais calar dentro de si o que tanto o afligia.

Bruno já não sabia mais qual atitude tomar. Só então compreendeu o motivo para ter tantos jovens e adultos presentes naquela sala, e ter encontrado a porta e o portão da frente da casa escancarados.

Aproximando-se dele, um dos presentes o aconselhou:

– Rapaz, é melhor você ir. Agora não é hora nem local para se lavar roupa suja.

Havia ponderação na voz do indivíduo, o qual pronunciou cada palavra bem baixinho, para não fazer alarde.

    Bruno achou melhor aceitar sua sugestão, porém, antes de partir, voltou mais uma vez a observar o dono da casa que não mais se continha de tanto chorar. Nunca vira tanta amargura no rosto de um homem. Isso o tocou profundamente e, ao contrário do que esperava, não o fez se sentir um vitorioso diante da situação. Pelo contrário, sentia pena, muita pena de ver alguém naquele estado, tão fragilizado.

    A mulher ao seu lado também lhe causou pena, a tristeza na sua face parecia ter drenado todo sangue de seu corpo. Era quase o rosto de uma morta.

    Levando em conta que não havia mais nada para ser feito ali, diante da delicada situação, Bruno deixou a casa que mais parecia um palacete. Jamais pensou que sua meta atingisse um alvo já tão destruído pela dor, como acontecera há pouco.

Capítulo 10

Mal Bruno pisou na calçada, uma jovem de cabelos e olhos pretos, tão pálida quanto a esposa de Valdecir Pascolato, foi atrás dele.

– Espere! – pediu ela, ao alcançá-lo já seguindo pela calçada.

Bruno rapidamente travou os passos e se virou na sua direção:

– Pois não?

Houve uma tênue hesitação antes de ela responder:

– O André era meu namorado. Namorávamos desde os doze anos de idade.

Ela fez grande esforço para não chorar. Mesmo assim, as lágrimas foram mais fortes do que ela. Procurando se controlar, ela disse:

– Essa história que você acabou de contar lá na sala, a respeito do pai do André... Quem foi que lhe disse isso?

– Minha mãe. Meu tio também sabe de tudo. E há gente aqui na cidade que suspeita do que aconteceu.

– Quer dizer...

– Quer dizer que diante da situação em que todos vocês se encontram, é melhor eu partir. Foi tolice da minha parte ter vindo aqui. Jamais podia imaginar que...

A jovem não mais se aguentou, abaixou os olhos e deu novamente vazão à tristeza profunda que sentia, por causa da perda do namorado. Mais uma vez, Bruno se sentiu péssimo com a situação. Entre lágrimas, a garota desabafou:

– Eu amava meu namorado. Desde a tragédia, não consigo parar de perguntar a Deus o que foi que ele fez para merecer tal coisa. Morrer tão jovem, uma injustiça. Mas se tudo aquilo que você acabou de dizer naquela sala for mesmo verdade, sou levada a crer que o André morreu por culpa do pai dele.

– É melhor você esquecer tudo isso.

– Não posso! É uma questão de justiça. O acidente que matou o André, não faz sentido, sabe? Isso é o que mais me chamou a atenção. Ele foi sempre muito cauteloso ao volante. Perder a direção num lugar ermo, como aconteceu, não faz sentido. Foi como se o destino...

Ela novamente chorou e Bruno, piedoso, sugeriu:

– Olha, por que você não volta para lá e bebe um copo d'água?

Nisso, a mãe da jovem apareceu no portão.

– Lucimar, filha!

Diante de seu estado, a mulher correu até ela para acudi-la.

– Vamos embora, mamãe. Recuso-me a encarar aquele maldito novamente. O André morreu por culpa dele. Pelo assassinato que o pai dele cometeu...

A mulher achou por bem atender ao pedido da jovem. Deixando Lucimar aos cuidados de Bruno, ela voltou para dentro da casa, somente para chamar o marido e irem embora. Assim que o homem se juntou à filha, voltou-se para Bruno e disse, com simpatia:

– Eu conheci seu avô. Foi um grande homem. Morrer daquela forma foi realmente lamentável. Ele era um batalhador. Um homem honesto e batalhador. Sempre foi.

Os olhos de Bruno brilharam.

– Soube que seu pai faleceu por esses dias – arrematou o pai de Lucimar com pesar. – Eu sinto muito. Eu e ele estudamos na mesma classe no primário.

Bruno tentou dizer alguma coisa, mas a emoção calou a sua voz.

– Fique com Deus.

– Amém.

De repente, Bruno se viu sem rumo. Caminhou até seu carro, trancafiou-se dentro dele e fechou os olhos. Estava confuso e atordoado em virtude dos últimos acontecimentos.

No carro, durante o trajeto até a casa da família, Lucimar Barcelos perguntou ao pai se ele sabia de alguma coisa a respeito de tudo aquilo que Bruno Carvalho esfregara na cara de Valdecir Pascolato. O pai respondeu com sinceridade:

– Sim, Lucimar. Na época, comentou-se muito que o assassino do velho Belmiro Carvalho só poderia ser mesmo o desmiolado filho do Senhor Valdemar Pascolato. Isso ficou claro quando correu o boato de que Valdemar havia passado para Jardel Carvalho, filho da vítima, uma fazenda de cinquenta alqueires no estado do Mato Grosso do Sul. Ninguém podia e muitos não estavam interessados em provar nada. Mas quando se soube que Jardel Carvalho havia herdado, segundo ele, uma propriedade de um tio distante, logo em seguida à morte do pai, o boato para muitos se tornou fato verídico. Acreditou-se na época que o velho Valdemar passara a fazenda no nome do Jardel em troca do seu silêncio, para impedi-lo de entregar Valdecir às autoridades, com as provas que certamente deveria ter contra ele.

O Senhor Barcelos limpou a garganta e prosseguiu:

– O Valdecir, nessa época, era um jovem mimado e inconsequente. Valdemar fora permissivo demais com ele, sempre acobertando seus erros e pagando pelos seus danos a terceiros. Mas depois que o velho Belmiro foi assassinado, Valdecir mudou. De uma hora para outra foi trabalhar numa das fazendas do pai e decidiu finalmente se casar com a mãe de seu filho, que já estava com quase cinco anos na ocasião.

– Esse filho era o André? – questionou Lucimar pasma com o que ouvia.

– Ele mesmo.

– Eu pensei que Dona Cristina e Seu Valdecir já fossem casados quando ele nasceu.

– Não. O Valdecir engravidou a moça, mas não queria casar. Isso comprometeria suas aventuras e doidices. O fato é que toda sua mudança ocorreu depois do assassinato do Belmiro e isso reforçou a ideia de que havia sido ele mesmo quem assassinara o pobre homem.

Olhando para a filha através do espelho retrovisor, o pai de Lucimar Barcelos acrescentou, seriamente:

– Filha, tudo isso que se falou sobre o Valdecir são apenas suposições, fofocas. Ninguém sabe se ele realmente cometeu o crime.

Lucimar foi precisa na sua opinião:

– Foi ele sim, papai. Para mim não resta mais dúvidas. Valdecir Pascolato matou realmente o avô daquele rapaz que há pouco encontramos e também o André, o que o torna duplamente assassino.

– Não, Lucimar! O André morreu vítima de acidente, não foi culpa do pai dele.

– Foi sim, papai! Ao assassinar o tal Belmiro Carvalho, Valdecir Pascolato gerou uma dívida com a justiça divina que acabou caindo sobre o próprio filho, anos mais tarde.

– Lucimar...

– O senhor sabe muito bem do que estou falando. Ele colheu o que plantou. É a lei de causa e efeito. Feriu o próximo e seus familiares da mesma forma que está sendo ferido agora. Infelizmente, foi por meio do André que ele colheu o que plantou.

O pai da jovem nada opinou. Sua esposa também se manteve calada e apreensiva. Para eles aquilo também fazia sentido. Muitos são os casos de pessoas que no passado mataram, feriram, ludibriaram ou roubaram alguém e, mais tarde, até mesmo muitos anos depois, o mesmo acontecia a um membro de sua família. E pensando no assunto, o Senhor Barcelos se lembrou da trágica morte de Valdemar Pascolato. Recordou-se também do que muitos disseram a respeito, na ocasião de sua morte.

"A justiça tarda mas não falha. Aquele homem teve o que mereceu. Era um demônio."

"Não é à toa que se diz: aqui se faz, aqui se paga!"

"Esse já foi tarde. Tantos enganou para enriquecer que o inferno é pouco para ele."

A lembrança fez o Senhor Barcelos se arrepiar. Se a morte de Valdemar Pascolato havia sido realmente uma consequência dos seus atos desonestos praticados em vida, isso ninguém nunca poderia afirmar com certeza, mas que parecia ter sido, ah, sim, isso não se podia negar.

Capítulo 11

Assim que os amigos e parentes de André Pascolato se foram, Valdecir e Cristina foram tomar banho, para depois jantarem na presença dos filhos. Ao se sentarem à mesa, Cristina explicou:

– Vinícius e Bianca foram dormir na casa de seus melhores amigos. Concordei porque achei que seria mesmo bom para ambos. Novos ares lhes farão bem.

Valdecir assentiu e o jantar começou em profundo silêncio. Ao ver o marido sorvendo a sopa, com os olhos atentos ao prato, Cristina Pascolato teve certeza de que havia algo bem mais grave do que a perda do filho importunando sua mente. Só podia mesmo ter relação com o que o jovem petulante lhes dissera naquela tarde tão triste.

– Valdecir, o tempero está do seu agrado? – perguntou Cristina, tentando despertá-lo daquele estado deprimente.

Ele assentiu, sem olhar para ela, voltando a tomar a sopa, sem muita vontade. Ela continuou a observá-lo, calada. Minutos depois, falou:

– Estava pensando no tal rapaz que nos surpreendeu essa tarde, com sua visita inesperada e inoportuna.

A menção do sujeito modificou a cor do rosto de Valdecir no mesmo instante. Seu olhar se encontrou com os da esposa, por um segundo, e ele empurrou o prato para longe, levantou-se da mesa e refugiou-se na sala de estar, sem dizer uma palavra sequer. Apagou a luz e sentou-se na poltrona grande que sempre ocupava, quando precisava espairecer. O vento da rua ondulava as cortinas e ele ficou atento ao movimento delas.

Cristina retirou os pratos e colocou-os na pia da cozinha, para lavá-los em seguida. Ao reencontrar o marido, pensou em lhe dizer alguma coisa, mas preferiu o silêncio. Sentou-se no sofá, porém, no íntimo, sentia-se inquieta, a garganta coçava, queria falar. Quando não mais se conteve, voltou-se para o marido e disse:

– Valdecir.

Nada nele se alterou. Ela foi adiante:

– Aquele rapaz que esteve aqui essa tarde... O que ele disse, as acusações que fez a você, aquilo tudo que tanto o perturbou, bem... É tudo verdade, não é?

O marido continuou imóvel.

– Por isso você ficou tão chocado – arrematou a esposa seriamente. – Desde então, está alterado.

Cristina Pascolato tomou ar e prosseguiu:

– Vieram me perguntar, certa vez, se eu tinha conhecimento dessa história e se você ou o seu pai tiveram mesmo algo a ver com isso. Revoltei-me com a pergunta. Onde já se viu levantar tal acusação? Já estávamos casados, já tínhamos os nossos três filhos, fiquei indignada. Mas agora, depois de tudo que aquele rapaz falou e o impacto que suas palavras tiveram sobre você, penso que...

Cristina se arrepiou, enquanto o marido permanecia inalterado, na mesma posição. Sequer seus olhos piscavam direito.

– Você não vai me dizer nada? – insistiu a esposa. – Vai permanecer aí, mudo?

Ela novamente bufou e soltou o verbo:

– Sabe, eu sempre tive curiosidade de saber o que fez você deixar de ser o jovem imaturo e inconsequente que conheci, e tanto me decepcionou. De uma hora para outra, você foi trabalhar com seu pai e resolveu se casar comigo para dar um lar ao André. Amei sua mudança, mas sempre quis saber o que o fez mudar. Hoje, porém, acho que obtive a resposta. Porque a data da sua mudança coincide com o assassinato do avô daquele rapaz. Eu...

Ele a cortou bruscamente:

– É verdade sim! Eu realmente matei o avô daquele rapaz! Tudo o que ele disse é a mais pura verdade.

Cristina olhou durante algum tempo para o rosto vermelho e agitado de Valdecir.

– É isso mesmo o que você ouviu, Cristina. Matei sim, a sangue frio, Belmiro Carvalho.

– Quer dizer então... – a mulher tornou a se arrepiar. Palavras lhe faltavam. O ar também lhe faltava.

– E meu pai foi muito consciencioso na ocasião – continuou Valdecir com voz arenosa. – Fez por mim o melhor que pôde. Da mesma forma que eu faria por um filho meu. Foi pouco antes de nos casarmos. Você nada ficou sabendo, porque morava noutra cidade e dei graças por isso. Depois, o assunto perdeu força e foi esquecido, pois não havia provas contra mim.

A esposa continuava chocada com a revelação.

– Por que você cometeu uma barbaridade dessas, Valdecir? O que deu na sua cabeça, naquele instante, que o privou do bom senso e do respeito com o seu semelhante? Diga-me, por favor! Preciso saber.

– Na ocasião, vez ou outra, eu costumava consumir cocaína e aquele velho veio me chamar a atenção. Quis me dar conselhos que eu não tinha pedido. Fiquei revoltado. Eu era um jovem metido a sabe tudo, entende? Quis dar um susto no sujeito, mostrar-lhe com quem ele estava mexendo e...

– Quer dizer então que você é mesmo culpado pela morte do pobre homem...

– Pobre, sim. Mas graças ao meu pai, a família dele teve a oportunidade de se livrar da pobreza.

Cristina já não sabia mais o que dizer:

– Você está decepcionado comigo, não é Cristina? Mesmo depois de tudo que lhe propiciei, dos filhos que tivemos, da vida farta que tem ao meu lado, você está decepcionada comigo?

– Não estou decepcionada, estou em choque. Pensei conhecê-lo tão bem e, no entanto, depois de tantos anos casados, creio que ainda não o conheço. Mas seus filhos não devem saber da verdade jamais. Eles, sim, se decepcionariam imensamente com você. Sentirão até mesmo vergonha do pai pela sua insensatez.

Naquele instante, Valdecir temeu perder o amor dos filhos, que para ele eram tudo na vida.

Sem mais palavras, Cristina dirigiu-se para o quarto onde ocupou seu lugar na cama de casal, acreditando que poderia dormir devido à exaustão das últimas horas, e aos calmantes que tinha tomado. Todavia, o sono não veio, não como ela o esperava. Adormecia por dez, quinze minutos e logo acordava assustada e aflita. Até então, o marido não havia ido se deitar, e, de algum modo, era melhor assim. Ela queria ficar só. Sozinha dentre aquelas quatro paredes ela se sentia muito mais segura. Até mesmo com a porta fechada a chave ela relaxaria bem mais.

Naquela noite, Valdecir Pascolato permaneceu na escuridão da sala, revendo o passado do qual tentara esquecer a todo custo. Após aquele novo choque com a realidade, o que ele mais queria era um lugar onde pudesse descansar suavemente a cabeça, fechando os olhos para a realidade que tanto machucava a alma. Algo que jamais seria possível novamente. Não diante das circunstâncias.

Enquanto isso, na casa de Lucimar, a jovem revia suas fotos ao lado do namorado. Mesmo tendo passado a noite no velório, ela não tinha sono, tampouco vontade de persegui-lo.

A mãe lhe fez um chá de erva cidreira para que pudesse embalar seu sono.

– Tome o chá, Lucimar. Você precisa dormir. Uma noite bem dormida lhe será extremamente útil para se reerguer. Amanhã será um novo dia. A vida continua, Lucimar. É preciso.

– Nem sei mais se quero viver, mamãe.

– Não diga isso, filha. É pecado. Tantos querem continuar vivos e já não podem mais, por causa de uma doença. Você é saudável. Deve aproveitar essa dádiva em nome de Deus.

– Ah, mamãe... Eu amava o André. Ele era bom e animado. Teria um futuro brilhante pela frente. Fizemos tantos planos e, agora, ele está morto.

– Lucimar, meu anjo. Apenas o corpo dele foi sepultado. Sua alma sobrevive, ao lado de Deus.

– Espero mesmo que isso seja verdade, mamãe.

A mulher abraçou a filha, pedindo a seguir:

– Agora tome o chá, meu anjo. Por favor.

A filha achou por bem atender ao pedido da mãe, afinal, ela lhe preparara o líquido fumegante com tanto carinho. A seguir, Lucimar se deitou, deixando o abajur do criado-mudo aceso. Acompanhou a mãe numa prece e a seguir foi vencida pela exaustão. Ver a jovem dormindo, foi um grande alívio para a mãe que não dormiria tranquila, sabendo que a filha não estava bem.

Na estrada, de volta a sua cidade, Bruno remoeu os últimos acontecimentos de sua vida. Ao chegar em casa, Damaris aguardava ansiosa por ele.

– Você o encontrou? – quis saber, aflita.

Pelos olhos do rapaz, a mulher percebeu que algo diferente do esperado havia acontecido.

– O que houve, Bruno? Vocês brigaram? Ele o ameaçou?

– Não, nada disso.

O rapaz se sentou no sofá da sala, levou as mãos a cabeça e disse:

– Consegui localizar a casa dele, meia hora depois de chegar à cidade. O portão e a porta da frente da casa estavam abertos e, por isso, entrei. Havia um punhado de pessoas ali, jovens na maioria. Assim que localizei o sujeito, sem rodeios lhe disse quem eu era, para todos os presentes ouvirem. Foi chocante, mas não tanto quanto saber que ele havia acabado de voltar do sepultamento do filho. Um jovem de dezoito anos que morrera na tarde do dia anterior, num acidente de carro.

– Filho... – Damaris estremeceu.

– Diante da situação, eu fiquei completamente sem chão. Por incrível que pareça, eu me senti envergonhado de estar ali e lhe dizer tudo aquilo, naquele momento tão doloroso.

– Sim, sim... – concordou Damaris já com lágrimas nos olhos.

– Mas nada disso liberta o canalha do crime que cometeu. Ele continua sendo o assassino do meu avô.

– Sei disso, Bruno, mas...

E novamente ela estremeceu.

– É melhor você tomar um banho para tirar o cansaço da viagem. Enquanto isso, esquento o seu jantar.

Naquela noite, Bruno jantou em silêncio. Damaris, por sua vez, aproveitou o momento para pedir a Deus que o filho não mais se envolvesse com aquela história. Que seguisse sua vida sem nunca mais se prender ao triste episódio que matara seu avô e tanta tristeza e indignação causara a todos.

Capítulo 12

Depois de ter sido resgatado do plano terrestre por espíritos socorristas, André Pascolato foi levado diretamente para o mundo espiritual, onde seu perispírito recebeu os devidos cuidados da medicina espiritual.

Logo, André se sentiu revigorado. Uma força dentro de si e ao seu redor dominava-o por completo. Era uma energia tão intensa que seu corpo pulsou. Era como se tivesse ficado submerso na água, por tempo além da conta e voltado à superfície, podendo novamente respirar oxigênio.

Um jovem, todo de branco, ficou a observá-lo, com o rosto cintilante e solene.

– Onde estou?
– Numa colônia do mundo espiritual.
– Colônia? Como assim?
– Você já não se encontra mais no plano terrestre, André. Você desencarnou.

A revelação não lhe causou tanto espanto.

– Sim, sim. Agora me lembro. E entendo o que aconteceu.
– Que bom, pois muitos no seu estado levam tempo para perceber que desencarnaram e aceitar o fato. Mas sendo você, um espírito razoavelmente evoluído, a compreensão e aceitação se tornam mais fáceis.

André assentiu. Breve pausa e o rapaz quis saber:

– E você, posso saber quem é?
– Sou aquele que foi designado para ajudá-lo durante todo o processo de mudança. Pode-me chamar simplesmente de "amigo".
– Obrigado.
– Estou a seu dispor.

André sorriu e passou a admirar o quarto onde se encontrava acamado. Então, voltou totalmente sua visão para a ampla janela retangular do cômodo.

– Posso ver?

– Sim. Eu o ajudo a se levantar.

Dessa forma, André chegou à janela de onde pôde se maravilhar com a visão da colônia espiritual chamada Nosso Lar.

– É tão lindo... Tão pacífico.

– Sim. Um lugar realmente abençoado pelo Pai Celestial.

Lágrimas vieram aos olhos do rapaz.

– Desde quando existe esse local?

– Nosso Lar foi construída no século XVI e todos os edifícios foram construídos com um propósito. Este em que estamos é o Ministério da Regeneração, para onde são trazidos os desencarnados...

Aquele ali, por exemplo, é o Ministério da Elevação, o outro mais adiante é o edifício da União Divina, onde se tratam os assuntos das esferas superiores junto ao Palácio da governadoria. Aqueles mais adiante, são os prédios do Esclarecimento e da Comunicação. É por meio deles que os desencarnados podem enviar mensagens para os seus familiares na Terra. Ali, também são tratados outros assuntos. Mais além, estão as fábricas de alimentos.

– Interessante. Tudo muito interessante.

E observando o prédio ao lado do Ministério da Regeneração, André quis saber:

– E esse edifício ao lado? Trata-se do quê?

– Esse é o Pavilhão da Reencarnação. Onde os espíritos são orientados a decidir como e quando irão retornar ao planeta.

André assentiu e o espírito voltou a explicar:

– Ali, onde se vê aquela estrela de seis pontas, é a praça central. Cada ponta da estrela representa um ministério. Temos 72 ministros na colônia e cada um tem uma função. Uma delas é ajudar um desencarnado a encontrar um trabalho na colônia. E o trabalho aqui é muito importante para o espírito, pois lhe permite, conforme as horas de trabalho, realizar seus desejos. As horas trabalhadas estão totalmente relacionadas ao merecimento de cada um. Com o tempo, você entenderá melhor o processo.

– Sim, certamente – e voltando os olhos para a estrela de seis pontas, André completou: – Gostaria muito de visitar a praça. Posso?

– Sim. Eu o acompanho.

Do local, André lançava olhares maravilhados para os quatro cantos da encantadora colônia espiritual.

– É maravilhoso – elogiou com lágrimas nos olhos.

– Uma obra-prima.

– Sim.

– A vida que se tem aqui é a vida real, a vida que todos devem e podem ter. A vida na Terra é apenas uma passagem necessária para a evolução do espírito.

– Entendo.

– Sabe, André, existe um oceano de matéria invisível ao redor da Terra. E milhares e milhares de montanhas fazem parte dessa matéria. Nosso Lar está no topo de uma delas.

– Que interessante.

– Sim.

– Percebo que tenho muito a aprender aqui.

– Sem dúvida.

Com um quê de tristeza, André comentou:

– Meus pais, preciso vê-los. Eles precisam saber que estou bem. É muito importante para mim que eles saibam. Quando poderei falar com eles?

– No Ministério da Comunicação, você encontrará um meio para se comunicar com eles. Uma forma adequada para lhes transmitir um recado. Na Terra, são os médiuns que podem transferir para um papel, através da psicografia ou da incorporação de um espírito, um recado de um familiar que agora se encontra aqui, no plano espiritual.

– Quero muito fazer isso.

– Entendo sua necessidade, porém, devo lhe prevenir. Não sei se seus pais acreditarão no médium ou na carta por ele psicografada. Muitos duvidam. Inclusive, muitos sequer gostam de se envolver com isso. Por medo, preconceito e ceticismo. Cada um é um, isto é, cada qual numa escala da evolução.

– Compreendo.

– Se os seus pais, ainda na Terra, são céticos, provavelmente vão duvidar de qualquer coisa que um médium lhes disser a seu respeito.

Após breve reflexão, André comentou:

– Se meus pais são céticos, eu não sei, mas que frequentavam a igreja todo final de semana, isso, sem dúvida.

– Isso é muito bom.

– Sempre ouvi falar das visões que muitos familiares têm de seus entes queridos que já morreram. Meu avô teve da minha avó, minha tia de uma parenta... O que viram foi criado pela imaginação de cada um ou eles realmente viram esses espíritos?

– Às vezes, o desespero e a saudade fazem com que muitos visualizem seus entes queridos desencarnados, sem eles realmente estarem presentes. É uma projeção da mente, uma necessidade da alma para apaziguar seus corações carentes. Noutros casos, eles realmente veem o espírito.

– Então, eu poderei voltar até minha casa para rever meus pais?

– Provavelmente, sim. Sua volta será permitida conforme as leis que regem o mundo espiritual.

– E posso saber quais são essas leis?

– Pode. Aqui todos trabalham e é pelo trabalho que um espírito adquire méritos para visitar sua família na Terra, aquela da qual fez parte em sua última encarnação. Alguns desencarnados, por terem tido altos postos quando na Terra, não se sujeitam a qualquer trabalho; sentem-se rebaixados quando designados para limparem, simplesmente, um belo gramado. Um médico, por exemplo, manifesta-se dizendo:

"Quando na Terra, eu fui médico! Estudei anos para me tornar um e agora serei apenas um varredor de rua, um faxineiro, um jardineiro? Isso não é certo. Não é!".

Tentamos fazê-lo ver a verdade atual:

"O senhor pode ter sido médico, mas da medicina espiritual o senhor ainda nada sabe. Mas poderá vir a saber, caso venha a estudá-la".

A vida na colônia ameniza o ego inflado de muitos, o que é importante para terem contato com sua verdadeira essência espiritual.

– Interessante.

Tomado pela energia positiva do lugar, André quis caminhar, o que seria ótimo para a sua recuperação. O espírito amigo o acompanhou.

Mais uns passos e André comentou com grande alegria:

– Esse é realmente um lugar muito bonito para viver por toda a eternidade.

Seu amigo espiritual rapidamente o corrigiu:

– Mas André, nem você nem ninguém permanecerá aqui pela eternidade.

– Não?! – espantou-se o jovem tremendamente. – Como não?! Para onde iremos então?

O espírito explicou:

– Você ainda viverá novas encarnações, como muitos que estão aqui.

– Encarnações? Como afirmam os espíritas?

– Sim.

– Já ouvi falar. Tinha um amigo cuja família é espírita. Uma vez o acompanhei a um centro para receber um passe. Andava com a cabeça confusa de tanto estudar para passar no vestibular e me fez muito bem. Bom demais!

O espírito assentiu, porque sabia o quanto um passe é poderoso na existência de alguém, especialmente em meio às travessias árduas que o processo da vida impõe a todos.

Após breve reflexão, André comentou:

– Quer dizer então que todos que conheci, na vida, já estiveram na Terra anteriormente, ocupando outros corpos?

– Sim. Esse é o processo.

André mais uma vez refletiu e logo quis saber:

– Por que reencarnamos?

A resposta de seu amigo espiritual foi novamente rápida:

– Porque a reencarnação é a melhor escola para todos, meu caro. É por meio dela que realmente evoluímos, alcançando, assim, a supremacia do existir.

André assentiu, gostando muito do que ouviu.

Alguns passos além e uma mulher passou por eles, acompanhada de um familiar dela que, mais uma vez, tentava apaziguar sua revolta.

– Pobrezinha. Ela não me parece nada bem. O que houve com ela? – comentou André com pena da fulana.

O espírito amigo respondeu prontamente:

– Ela ia se casar e desencarnou, pouco antes do casamento se realizar. Não se conforma.

"Nós nos amávamos, tínhamos uma vida toda pela frente e, no entanto, o mundo espiritual não teve pena de mim. Por quê? Por que destruir um grande amor como o meu? Por quê?"

Tentamos explicar que não é porque ela desencarnou que esse amor tem de acabar. O amor continua, o amor sobrevive a quaisquer intempéries da existência. Um amor que se declara, ou seja, que verdadeiramente se declara, nem a morte separa. Eles certamente hão de se reencontrar numa nova existência, para viverem o que não pôde ser vivido, por uma questão de espaço e tempo, ação e reação.

– Quer dizer então que um amor, um verdadeiro e grande amor prevalece?

– Sim. O que é de extrema importância, afinal, é por esse amor que os espíritos se reúnem numa próxima existência. Irmãos se reúnem, pais se reúnem, tios, primos, cônjuges, filhos... Certamente que os papéis irão se inverter. Quem foi pai, poderá nascer como filho daquele que na sua última encarnação foi seu filho. Quem foi neto, poderá ser seu irmão. Um sobrinho, por exemplo, poderá ser aquele que foi seu primo adorado noutra existência. Os papéis mudam, o amor prevalece, evoluindo sempre.

André calou-se por alguns segundos, pensativo, por fim disse, com voz embargada:

– Eu tive um grande amor. O nome dela é Lucimar. Nós nos amávamos e íamos nos casar, assim que eu terminasse a faculdade. Ao ver essa mulher desesperada e inconformada pelo que lhe aconteceu, penso que a

Lucimar também deve estar desesperada. Conheço-a muito bem, ela não vai aceitar minha morte. É capaz até de.... – ele se arrepiou. – Não quero nem pensar, no que ela poderá fazer contra si mesma, por desespero e revolta.

André travou os passos, voltou-se para o espírito e disse:

– Preciso vê-la. Com urgência. Ela deve estar muito mal.

– Eu imagino. Aprender a lidar com as separações temporárias da vida é um grande desafio para muitos; talvez, a lição mais difícil de ser aprendida.

– Ainda que eu saiba que o nosso amor é eterno, não quero vê-la sofrendo, tampouco cometendo uma besteira contra si mesma.

A voz do rapaz falhou. Lágrimas inundaram seus olhos e ele fez grande esforço para se recompor.

O espírito amigo, muito gentilmente, o tocou no ombro e disse, com afeto:

– André, se você sente vontade de chorar, chore. O choro é o rio da alma que deve fluir e não ser retesado. Se não houvesse a necessidade de chorarmos, Deus não haveria criado o choro. As emoções existem e o choro também para manter o nosso equilíbrio.

Com os olhos vermelhos, André encarou novamente o espírito de olhos bonitos e ternos. Agradeceu-o:

– Suas palavras me confortam. Obrigado.

– Estou aqui por você, meu caro, para ajudá-lo nesse novo processo de existência.

O carinho foi tanto que André se sentiu novamente em paz. Foi como se suas energias tivessem sido renovadas.

– Sinto-me melhor.

Os dois voltaram a caminhar e o jovem perguntou algo, muito importante, que todos no fundo, encarnados e desencarnados almejam saber:

– O que acontece com aqueles que tentam contra a própria vida?

– Que se suicidam?

– Sim.

– Eles vão para um vale conhecido aqui pelo nome de Vale dos Suicidas.

– Vale dos Suicidas?! – André se arrepiou. – O que acontece lá?

– Não é nada bonito de saber, tampouco de se ver.

André novamente se arrepiou e pensou em Lucimar Barcelos, receoso de que ela cometesse suicídio, por ele ter desencarnado tão cedo e inesperadamente.

– Preciso orar pela Lucimar – afirmou André a seguir.

– Deve – respondeu o espírito cordialmente. – Por meio da oração,

todos podem, com grande êxito, favorecer o bem e a paz no coração dos desesperados e necessitados de amparo, bom senso e evolução.
– Farei isso.
– Faça! A oração, em qualquer parte do universo, é poderosa!

Mais uns passos e eles chegaram a um aglomerado de espíritos, a maioria sentada ao chão, de pernas cruzadas, apreciando um exímio pianista que, naquele instante, executava um belíssimo clássico da música instrumental.

Ali permaneceram por algum tempo até o espírito amigo sugerir:
– Podemos ir?
– Sim – afirmou André, contagiado positivamente pela bela melodia.
– Vamos. Há alguém que ficará muito feliz em revê-lo. Você também ficará feliz por reencontrá-la.

André sentiu uma quentura gostosa percorrer todo o seu ser.

Minutos depois, eles chegavam a uma morada. Quem estaria ali, ainda era um mistério para André. Até então, devido à grande e inesperada mudança, ele não percebera que poderia reencontrar alguns parentes e amigos queridos que há muito tinham desencarnado.

Capítulo 13

Ao ver o espírito amigo, chegando a sua casa acompanhado do belo e jovem André, o rosto de Delcídia logo se iluminou com um sorriso de ponta a ponta.

— Abençoados sejam meus olhos! – exclamou a mulher que reconheceu o neto no mesmo instante. – André, meu André!

— Vovó! – exclamou o rapaz, surpreso e feliz.

Os dois se abraçaram com grande emoção.

— Vovó, que bom reencontrá-la! Que saudade!

— Que saudade digo eu, meu anjo.

O abraço se intensificou.

A avó ainda se recordava das vezes em que o neto, ainda menino, dormira em sua casa e fora acordada por ele, na madrugada, dizendo: "Importa-se que eu venha dormir com a senhora? Estou tendo sonhos tão esquisitos". E ele se deitava junto dela, soltando um suspiro, deixando-a sempre feliz por perceber a confiança que ele depositava nela.

Ao desfazer o abraço, Delcídia novamente mirou os olhos do neto e sorriu, feliz por revê-lo. Só então, deu-se conta do significado de ele estar ali, ao seu lado. Seu rosto imediatamente se entristeceu.

— Mas você aqui, meu neto... O que houve? Por que sua encarnação foi interrompida tão cedo?

A tristeza tomava conta da senhorinha.

— Por um descuido, vovó. Certamente por um descuido na direção. Quando dei por mim, já estava sendo assessorado por espíritos socorristas. Então perdi os sentidos e, quando despertei, já me encontrava aqui na colônia, sendo atendido no Ministério da Regeneração.

A mulher o olhou ainda com mais tristeza.

— Deve ter sido um baque para o seu pai. Deve estar sendo.

— Sim. É inevitável que não seja.

— Pobre Valdecir... Perder um filho não é fácil.

– Não deve estar sendo fácil nem para ele, nem para minha mãe, tampouco para os meus irmãos. Saiba que, da mesma forma, foi bastante difícil aceitar o desencarne da senhora e do vovô.

– É o destino de todos, meu neto, e, mesmo assim, ninguém nunca está preparado, tampouco confiante de que a morte é apenas uma passagem entre dois mundos, como tanto se fala, desde os primórdios da vida no planeta Terra.

– É verdade, vovó.

Encarando novamente com afeto os olhos do neto, a mulher sentiu pena por vê-lo desencarnado tão jovem. Então, subitamente, ela estremeceu, recuou um passo e deu-lhe as costas.

– O que foi, vovó? – estranhou o rapaz.

– Nada, nada não, meu neto. Deve ter sido a emoção de revê-lo e...

Delcídia se lembrou naquele instante do que Valdecir fizera no passado e percebeu que ele e sua família agora estavam sofrendo o mesmo que a família de Belmiro Carvalho sentira com o seu assassinato.

Delcídia desabou a chorar, o que fez André rapidamente acolhê-la em seus braços, procurando acalmá-la, com seu gesto carinhoso e seu amor imenso por ela.

Um espírito socorrista logo apareceu trazendo água fluidificada para a mulher.

– Beba – pediu, gentilmente. – Vai lhe fazer bem.

Delcídia acabou aceitando a sugestão.

– Obrigada.

Breve pausa e André, olhando de um lado para o outro, perguntou:

– Onde está o meu avô?

A mulher novamente estremeceu.

Nova pausa e o jovem quis saber:

– Quero muito revê-lo. A saudade que sinto dele é também muito grande.

Delcídia se manteve calada e André, bem-humorado, perguntou:

– Vocês brigaram, foi isso? – ele riu. – Não vá me dizer que mesmo aqui, nesse lugar maravilhoso, casais se desentendem.

Finalmente a mulher reagiu:

– Não, André, nós não brigamos.

– Então o que houve? Onde ele está?

A senhora novamente pendeu a cabeça e se pôs a chorar.

– A senhora está me deixando preocupado, vovó. Aconteceu alguma coisa com o meu avô? O que foi? Preciso saber.

A mulher com muita dificuldade respondeu:

– Ele não está na colônia, André.

– Não está?! Por que não? O vovô foi sempre um sujeito muito bom, amoroso, um excelente pai e avô. Um ótimo patrão, os empregados das fazendas sempre o elogiaram.

– André...

– Se ele não está aqui, onde está ele, então?

– Ouça-me, meu querido. Ouça-me bem. Quando encarnada, talvez eu jamais tivesse condições de revelar o que vou lhe contar agora. Porque o ego, a vaidade, os sentimentos mundanos não nos permitem admitir certos erros. Algo em nós, nossa alma, nosso espírito, reconhece os nossos erros e dos demais, mas por ego, vaidade e orgulho ferido, preferimos acreditar que estamos certos, quando na verdade, estamos errados. Agimos assim, também em relação a quem amamos. Sabemos que um cônjuge, filho, neto, pai, mãe ou até mesmo um primo ou amigo tomou uma atitude errada ao longo da vida e, mesmo assim, o defendemos com unhas e dentes.

– Vovó, aonde a senhora quer chegar?

Houve uma pausa longa antes de ela responder:

– Quero dizer que... – Ele percebeu a tênue hesitação antes de ela continuar. – Quero dizer que seu avô não era perfeito. Você, por amá-lo e não participar plenamente de sua vida longe de casa, não pôde notar suas imperfeições. Elas existiam e creio que muitas delas foram bem graves.

– Graves?

– Sim, André. Muito graves.

– A senhora quer me dizer que por isso, o vovô não está aqui?

– Exatamente. De algum modo, o desencarne o fez se deparar com suas faltas e o levou para outro local. Ali, de algum modo, ele reconheceu seus erros mas permanece preso a eles.

Dessa vez foi o jovem quem se arrepiou.

– Quer dizer que o vovô...

– Ele não era perfeito, André. Ninguém é. Por isso reencarnamos para evoluirmos; foi o que aprendi aqui na colônia com espíritos palestrantes. Mas a pior falta de um reencarnado é fazer algo que sabe que é errado, tal como, por exemplo, matar seu semelhante.

– A senhora quer me dizer que o vovô...

– Que eu saiba ele não matou ninguém, mas acobertou um assassinato.

Dessa vez os dois se arrepiaram.

– Um assassinato?!

André estava realmente surpreso, porém, diante da fisionomia cansada e abalada da avó, ele a acompanhou até seu leito onde a fez se deitar, para reorganizar suas emoções.

– André – gaguejou ela.

– Depois conversamos mais, vovó. Agora a senhora precisa descansar.

A mulher concordou com ele, pois realmente estava se sentindo péssima. Para ajudá-la, o espírito amigo de André se aproximou e aplicou um passe em Delcídia.

– O passe a fará relaxar e se recompor – explicou o espírito

André o agradeceu e somente quando apareceu uma amiga para ficar com Delcídia, é que o jovem e o espírito que o acompanhava se afastaram do local. André então desabafou:

– O que a vovó disse a respeito do meu avô, é mesmo verdade? Ele não está na colônia?

– Não está. Atualmente seu avô se encontra numa dimensão chamada umbral, uma espécie de purgatório.

– E ele ficará lá para sempre?

– Somente até que se permita ser ajudado. Está tão confuso, atolado em tantos ressentimentos e culpa pelo que fez no plano terrestre, que nem mesmo as orações daqueles que o amam conseguem despertá-lo de seu caos emocional.

– Entendo – André ficou pensativo e, em seguida, sugeriu: – E se eu for até ele? Talvez eu possa ajudá-lo.

– Seria um gesto muito nobre da sua parte. Sendo você um espírito mais evoluído, o Conselho certamente permitirá que tente resgatar seu avô do umbral. Ao encontrá-lo, inclusive, você compreenderá melhor o que o fez desencarnar tão tragicamente e deixá-lo emocionalmente um caco.

André assentiu. O espírito prosseguiu:

– Mas lhe previno. O que verá nesse local não é nada agradável. Tem certeza de que é isso mesmo o que você deseja?

A resposta de André foi imediata.

– Tenho. Pelo meu avô, sou capaz de tudo. Ele foi sempre muito carinhoso comigo. Eu sempre o amei muito.

– Se me permitirem, eu o acompanharei até lá.

– Agradeço.

Capítulo 14

Depois de receberem consentimento para irem ao umbral, André e o espírito amigo finalmente partiram em direção a um lugar tomado de chamas, gritos e desespero, como os campos de batalha, fatigados por explosões, ruinas e dor.

Espíritos emaranhados cobriam os vales, contorcendo-se pelo chão de forma assustadora. Centenas rastejavam, enquanto gritavam e falavam palavras desconexas. Era preciso ter muito cuidado ao caminhar, para não pisar, sem querer, nos braços estendidos, pernas ou corpos que pareciam estar tendo um ataque constante de epilepsia.

O espírito de um homenzarrão elevou-se do chão e moveu-se lentamente na direção do André e de seu acompanhante. O jovem teve a impressão de que o homem iria pular sobre ele, a qualquer instante. Isso o fez travar os passos e recuar.

O espírito, de olhos esbugalhados e aparência demoníaca encarou André por alguns segundos e começou a lhe dizer os maiores impropérios.

Não mais podendo se conter, André tomou a iniciativa de ajudar o espírito atormentado.

– Não quero sua ajuda! – gritou o sujeito que há tempos vinha sendo abordado por espíritos socorristas na esperança de tirá-lo dali. – Não quero! – berrou, novamente furioso.

Então, subitamente, virou-se e desapareceu na escuridão. Num ponto mais distante, ouviu-se uma voz dizendo:

– Jairo, espere! Não vá sem mim!

E o tal espírito seguiu o outro, obstinadamente.

Nisso, outro espírito rastejante agarrou André pelo tornozelo, provocando-lhe susto e, ao mesmo tempo, compaixão. André se agachou e cuidadosamente removeu a mão do que parecia ser o espírito de uma mulher que desencarnara por volta dos trinta anos, após uma cirurgia malsucedida de lipoaspiração. Ela se mantinha ali por não conseguir perdoar a si mesma, por ter insistido na cirurgia que culminou no seu desencarne precoce.

– Calma – pediu André a ela.

O tom dele realmente conseguiu despertar serenidade na pobre alma.

– Você há de ficar bem. Não se preocupe.

Ela recuou, arrastando-se para junto de uma pedra, onde enlaçou seus joelhos e se pôs a vibrar ódio, novamente, pelo que lhe acontecera.

– Por que eles continuam aqui? Vocês deveriam levá-los para a colônia, onde teriam condições de tratá-los, não é mesmo?

– Isso depende deles, André...

– Deles?!

– Sim. Todos os dias, espíritos socorristas vem em busca daqueles que finalmente estão dispostos a ir embora desse lugar, mas muitos se recusam.

– Tal como meu avô?

– Exato. Por isso que, muitas vezes, a vinda de um parente até aqui é de extrema importância para a salvação de um espírito, pois seu amor estimula o indivíduo a se libertar finalmente do caos emocional que o prende a esse local. Algo que não pôde ser resolvido simplesmente pelos espíritos socorristas.

– Tomara que eu consiga convencer o vovô.

– Os laços familiares são muito poderosos nessa hora, André. Ainda mais, quando repletos de amor.

– Espero contagiar meu avô com todo amor que sinto por ele.

O espírito assentiu.

– Vamos prosseguir?

– Vamos.

Logo mais à frente, outra cena chocou André. Um espírito dava pontapés frenéticos noutro que, caído, mal se defendia. Então, outro desencarnado pulou sobre o sujeito, agarrando-o pelo pescoço com toda força, e os dois foram ao chão, em meio a socos e bofetadas.

Logo, espíritos aglomeraram-se em torno dos dois, deixando-se envolver por aquela energia vibratória de ódio e desamor. Não tardou para que espíritos de luz aparecessem para apartar a briga.

Diante daquilo, André, olhos assustados, quis novamente ajudar aqueles que se mantinham dominados pelo ódio, revolta e rancor.

Ouviu-se o espírito agredido dizer, com voz fraca e agoniada:

– Ajudem-me! Ajudem-me, por favor!

E caiu num choro convulsivo.

No mesmo instante, dois espíritos socorristas, em seus trajes brancos, apareceram para resgatar aquela alma que, finalmente, reconhecia sua necessidade de ser ajudada e transportada para um lugar mais digno.

Voltando-se para André, o espírito amigo explicou:
– Só mesmo no ápice do desespero, ao suplicar por ajuda, é que eles podem ser retirados do umbral. A permissão tem de partir deles; sem ela, os espíritos socorristas não tem como tirar ninguém daqui.
– E por que tantos demoram a se manifestar?
– Cada um por um motivo diferente. Mas é sempre no ápice do desespero e da dor que a maioria reconhece a necessidade de mudança.

André assentiu e eles retomaram a jornada. Lentamente desceram o que parecia ser uma colina. Lá embaixo, caminharam em direção ao local onde gritos incessantes ecoavam em meio a chamas que pareciam queimar os que estavam ali, como uma sarça ardente*.

*Como a que Moisés interagiu, registrada no capítulo 3 do livro de Êxodo. (Nota dos autores).

– Esse lugar... – desabafou André mais uma vez. – Esse lugar é um horror. É o próprio inferno.
– É horrível mesmo.
– Até parece um sanatório.
– Sim. Eu lhe disse, no início, o quanto o umbral poderia chocá-lo.
– Disse. Disse, sim.

Breve pausa e André quis saber.
– Por que não tive de passar por esse lugar horrível?

O espírito amigo já esperava por essa pergunta:
– Porque suas atitudes, André, trouxeram-no diretamente para a colônia. Falo de atitudes tomadas enquanto vivera na Terra.
– Entendo.
– Continuemos.
– Sim, meu avô depende de mim.

Os dois prosseguiram e logo o espírito amigo comentou:
– Ele pode estar ali.

Ambos apertaram o passo.

Por um tempo, André viu apenas sombras. Era como se estivesse aprisionado por um denso nevoeiro. Depois, num ponto ao longe, junto a uma pedra solitária, todo encolhido, ele finalmente avistou Valdemar Pascolato, imundo e agoniado.

– É ele... – murmurou o rapaz, sentindo os olhos umedecerem.
– Sim – confirmou o espírito que o acompanhava.

Dava pena ver Valdemar naquelas condições deploráveis. Seu rosto, preto de fuligem, os olhos, esbugalhados, pareciam de vidro. A energia em torno dele, percebeu André de imediato, era pesada.

O perispírito de Valdemar Pascolato era uma réplica perfeita do físico que tivera em sua última existência na Terra. Um homem alto e magro, já idoso, com a face comprida como a de um cavalo, e olhar bastante arrogante.

Ao ver André se aproximando, Valdemar franziu o cenho, ficando a olhar para o rapaz com olhos duros e desconfiados. Fez um grunhido como o de um animal raivoso.

André, olhos lacrimejantes de emoção logo o chamou:
– Vovô...

As sobrancelhas do sujeito se arquearam ao reconhecer o jovem.
– Não pode ser... – murmurou Valdemar, dilatando ainda mais as pupilas. – Não pode.

Um sorriso bonito resplandeceu na face de André. O sorriso de uma pessoa feliz por reencontrar alguém muito importante em sua vida.
– Vovô – tornou ele com lágrimas a rolar pela face.
– André... – havia total constrangimento na voz do velho que a seguir, se encolheu todo, tamanha vergonha de ser visto pelo neto amado, em condições tão degradantes.

De repente, a mente de Valdemar ficou ainda mais em alvoroço. Palavras ao vento chegavam até seu cérebro, como verdadeiros punhais.

Quando André voltou a falar, seu tom foi completamente diferente desta vez:
– Vim buscá-lo, vovô.

O homem reagiu no mesmo instante:
– Vá embora, André. Deixe-me aqui!

Em rápidos passos, o jovem foi até o velho, agachou-se diante dele e acariciou seu ombro, apertando-o calorosamente.
– O senhor não precisa continuar aqui, vovô. Este lugar é horrível, não é digno da sua pessoa.
– Errei tanto, meu neto. Tanto. Se soubesse! Não, você nunca saberá. Porque é vergonhoso demais para eu assumir meus erros perante alguém. Ainda mais alguém que amo tanto e jamais gostaria de decepcionar.

O rapaz sorriu com benevolência.
– Todos erram vovô. Até mesmo sem perceber.
– Não foram erros, André. Foram pecados graves. Quando digo que errei, na verdade estou querendo dizer que pequei. Sim, pequei gravemente. Sou um pecador...

André inclinou-se e sussurrou no ouvido do avô:
– Eu amo o senhor, vovô. O senhor foi para mim o melhor avô do mundo.

Ainda que envergonhado, Valdemar assumiu perante o neto seus sentimentos:

— Eu também o amo, meu neto. Muito.

As palavras do jovem começavam a surtir efeito sobre o velho.

— Então venha comigo, vovô. A vovó nos espera. Um novo lugar o aguarda, uma nova etapa, um novo começo.

Estendendo a mão para o homem, André insistiu:

— Venha, vovô, eu o ajudo.

E diante dos olhos brilhantes do neto, felizes por reencontrar o avô adorado, Valdemar sentiu novamente a coragem arder em sua alma, estimulando-o a se levantar dali, com a ajuda do jovem. Por não ter ficado de pé, desde o desencarne, Valdemar precisou ser escorado pelo garoto até que se sentisse forte novamente para caminhar sozinho.

— Eu o ajudo, vovô, fique tranquilo.

Valdemar se agarrou ao rapaz, abraçando-o forte e chorando de emoção.

— Meu neto querido... – declarou entre lágrimas. – Oh, meu Deus, que saudade de você, meu neto.

Com um sorriso de quem pede desculpas, acrescentou:

— Que vergonha estar nessas condições diante de você, André. Que vergonha.

O espírito amigo também se prontificou a ajudá-los. Sendo assim, os três foram deixando aquele lugar triste e bucólico, rumo a um novo horizonte.

Não muito além, Valdemar parou, e voltou a cabeça para trás, para ver novamente o lugar onde ele, por peso na consciência, permanecera por tanto tempo. Os gritos continuavam em meio às almas rastejantes e desesperadas.

— Acabou, vovô – falou André com veracidade. – O senhor não precisa mais viver aqui. Se o senhor achou que merecia ficar num lugar como esse, pelos erros que cometeu, já não merece mais. Nada dura para sempre. Nem mesmo a punição por nossos erros.

Valdemar se voltou para ele, ainda incerto se deveria mesmo ser agraciado por uma nova chance de redenção. Foi mais uma vez pelo amor imenso e verdadeiro que o neto sentia por ele que sua alma se engrandeceu, e ele se sentiu capaz novamente de prosseguir.

Assim sendo, os três retomaram a caminhada.

— Para onde estão me levando? – quis saber Valdemar, alguns passos adiante.

O espírito amigo respondeu:

— Para uma colônia espiritual. Ali, o senhor poderá cicatrizar as feridas em seu perispírito e reconduzir sua alma novamente para o bem.

Os três continuaram até Valdemar estancar os passos de súbito, assustando André e o espírito amigo com sua reação. Valdemar então se desvencilhou dos braços de quem o escorava para se manter em pé, olhou para o neto com horror e tentou falar.

André ficou rapidamente apreensivo.

– O que foi, vovô?

O homem tentava articular as palavras e não conseguia.

– V-você... – disse, enfim, tremendo por inteiro. – Você não pode estar aqui, André. Você...

Só então Valdemar percebeu que o neto havia desencarnado.

– Mas estou, vovô. E juntos vamos viver essa nova fase de nossa existência. Preciso muito do senhor, a vovó também. Juntos teremos mais força, porque o amor que sentimos um pelo outro nos torna mais fortes para superar obstáculos e seguir adiante.

– Não! – gritou Valdemar caindo de joelhos e curvando-se até o chão. – Não! – gritou novamente, esmurrando o solo.

André rapidamente se curvou sobre ele e falou ao seu ouvido:

– Por amor somos mais fortes, vovô. Preciso muito do senhor, tanto quanto o senhor precisa de mim, agora.

– Não! Eu não mereço a sua companhia. Eu desgracei a sua vida.

– Vovô.

– Fique longe de mim.

– Não partirei daqui sem levá-lo comigo.

– Você não podia ter morrido, era jovem demais para isso.

– Foi um acidente.

– Não! – gritou o homem desesperado. – Foi uma vingança pelo que eu e seu pai cometemos no passado.

– O senhor e o papai sempre foram maravilhosos comigo.

– Você não sabe de nada, meu neto. De nada!

Breve pausa e André o encarou. Tudo o que Valdemar conseguiu dizer a seguir, foi:

– Você nunca me perdoará. Nem a mim nem a seu pai.

– Vou sim, vovô. Amo tanto vocês.

– Não depois de saber toda a história.

– Seja qual for, ainda assim vou perdoá-los, porque amo muito vocês e esse amor fala mais alto em meu coração.

Só então Valdemar percebeu o quão sofrido deveria ser a morte do filho para Valdecir.

– Seu pai deve estar arrasado. Você era o filho predileto dele.

– O papai deve estar sofrendo sim, não nego, mas ao lado dele estão minha mãe e meus irmãos. Com o apoio da família, maior será a coragem despertada no coração do papai, para superar a nossa separação temporária.

– Você fala com tanta propriedade, André. Faz uso de palavras tão bonitas e sábias.

– Desde que aqui cheguei, vovô, tenho mesmo raciocinado com maior sensatez. No fundo, eu já pensava assim, mas em um nível inconsciente.

O espírito amigo pediu permissão para explicar:

– Depois do desencarne, muitos espíritos apuram sua percepção, porque resgatam sua bagagem espiritual. Ou seja, aprendizados de existências passadas. Não podemos esquecer de que a maioria dos espíritos já passou por muitas existências terrenas e, consequentemente, por muitos desencarnes. Sendo assim, conheceram muito do que se passa no plano espiritual, durante o tempo em que permaneceram aqui, entre uma nova reencarnação e outra.

– Reencarnação... – murmurou Valdemar que sempre tivera medo do tema. – Nunca gostei disso. Só de imaginar que eu poderia reencarnar em condições muito diferentes das quais eu sempre estive acostumado, chegava a sentir um embrulho no estômago.

– Calma, vovô. Com o tempo, o senhor compreenderá melhor o processo.

– Sim – afirmou o espírito amigo procurando ajudar. – Nas colônias espirituais, há palestras sobre o assunto que permitem a todos conhecer melhor esse processo chamado vida. Muitos palestrantes são carismáticos e divertidos, o que torna as palestras algo muito prazeroso de se participar.

André falou a seguir:

– O importante, vovô, é saber que aqui o senhor estará amparado. Jamais só, jamais ignorado. A não ser que queira. Como aconteceu nesses dois últimos anos em que o senhor permaneceu no umbral, recusando ajuda.

– Fui muito arrogante e rancoroso... Preciso mudar.

– Essa é a palavra-chave – arrematou o espírito amigo. – Mudança! O bom da vida é recomeçar sempre, jamais esquecendo de que o bem que fazemos será nosso eterno aliado. É preciso ser humilde para reconhecer que precisamos mudar. E que também precisamos de ajuda.

– Sempre achei a humildade uma fraqueza do ser humano.

– Muitos pensam como o senhor, infelizmente. Por isso, sofrem.

Valdemar gostou do que ouviu.

Ao chegarem ao lugar verdejante em torno das muralhas da colônia Nosso Lar, Valdemar ficou de imediato encantado pelo local. A diferença entre Nosso Lar e o umbral era tremenda.

Depois de breve pausa para admirar as muralhas, Valdemar prosseguiu, amparado por André e o espírito amigo que com o simples toque de uma de suas mãos abriu a grande porta que dava acesso à colônia.

Ao vê-los chegando, outro espírito foi ajudá-los e diante de Valdemar falou, com ternura e respeito devido:

– Seja bem-vindo a Nosso Lar.

A simpatia com que foi recebido deixou Valdemar extremamente feliz.

– Obrigado – agradeceu com lágrimas nos olhos.

– Por aqui, por favor.

Dali, Valdemar foi levado para o Ministério da Regeneração onde começou a receber a cura pela imposição das mãos dos médicos espirituais. Com as mãos sobre seu corpo, emanando uma luz esverdeada, as chagas de Valdemar começaram a ser cicatrizadas. Tanto as do corpo etéreo como as da alma. Levaria ainda algum tempo para que suas maiores chagas, deixadas pelo orgulho e pelo egoísmo, um dos maiores males da humanidade, fossem realmente cicatrizadas.

De longe, André observava tudo com renovada admiração. Já passara pelo mesmo processo ao chegar ali, depois do seu desencarne, mas não tivera a oportunidade de ver, por um outro ângulo, um novo prisma, como tudo acontecia.

Para aquecer o estômago e revigorar sua alma, foi servido para o recém-chegado uma sopa e a seguir, remédios num copo d'água. O paciente deveria segurar na boca o liquido, pelo maior tempo possível, porque assim pedia o tratamento espiritual.

– A água da paciência – explicou o médico –, sossega o espírito. A ansiedade não resolve nada, o bom da vida é seguir na tranquilidade e na fé de que tudo acontecerá de acordo com os desígnios e a bênção do Pai Celestial.

Capítulo 15

Assim que Valdemar se sentiu mais desperto, o médico o aconselhou a fazer caminhadas. Assim sendo, André e o espírito amigo acompanharam o paciente pelos gramados em torno da colônia. Logo, os três pararam para ouvir uma pequena orquestra que se apresentava para alegrar a todos que estavam ali.

– Essa música... – murmurou Valdemar. – Acalma.

– Sim – concordou André, também maravilhado com o que ouvia.

– Na Terra, estamos sempre tão ocupados com o corre-corre diário que pouco paramos para ouvir uma bela melodia como essa. Isso faz falta.

E o homem se sentou no gramado, deixando-se envolver totalmente pela magia da música instrumental, o que muito alegrou André. Ver o avô se permitindo apreciar uma boa música já era um grande avanço para ele.

Mais alguns minutos e André pediu permissão ao espírito amigo para que pudesse levar o avô para rever a esposa. Não vendo obstáculos naquilo, o amigo espiritual concordou. E para lá foram os três.

Um reencontro também emocionante, o de Delcídia e Valdemar. Ambos choraram e se abraçaram, externando todo o sentimento que os unia. Valdemar então decidiu contar ao neto, tudo o que guardara por anos.

– Se eu não contar a você, meu neto, não vou sossegar – desabafou. – Quero muito que saiba de tudo e que me dê o seu perdão, caso sinta em seu coração, que eu mereça ser perdoado.

As palavras do avô, ditas naquele tom tão profundo, assustaram o jovem. Mesmo assim, ele procurou se manter calmo para ouvir, atentamente, tudo o que Valdemar tinha para dizer sobre o assassinato de Belmiro Carvalho e o que ele fizera para acobertar Valdecir.

– Quer dizer então que... o papai... o papai matou um homem? – André estava realmente surpreso com aquilo. Jamais pensou que o pai adorado, que sempre lhe parecera tão sensato, havia cometido uma barbaridade daquelas.

– Você está decepcionado com o seu pai, não está, André? Mas eu não suportaria continuar escondendo isso de você, meu querido.

– Não estou decepcionado, vovô. Estou surpreso, pois para mim, meu pai era perfeito. Um cara íntegro e moral, jamais o vi cometendo algo que eu chamaria de injusto ou que se apresentasse como mau-caratismo.

– Seu pai, André, mudou muito depois do que fez. Amadureceu e creio que esse amadurecimento se deu mais pelo peso em sua consciência do que propriamente pelos altos e baixos da vida. Ele se tornou menos arrogante, petulante e convencido. Penso que seu pai, apesar da vida boa que teve, do casamento harmonioso, com os filhos sempre ao seu lado, jamais conseguiu realmente pôr a cabeça no travesseiro e dormir em paz, depois da estupides que cometeu. A lembrança estava ali, sempre apunhalando sua consciência. Eu também procurei mudar. Por muito tempo, usei de muita esperteza para manipular as pessoas humildes e analfabetas, aproveitando-me da ignorância delas em meu proveito próprio. Não fui um homem correto, André. E eu sabia disso, tanto quanto sabia que na Terra, se você não for esperto, logo será passado para trás ou feito de bobo. É um ninho de serpentes. Um querendo tirar do outro em benefício próprio. De qualquer modo, eu abri mão de uma propriedade de cinquenta alqueires para impedir que seu pai fosse parar na cadeia. Foi também uma forma de recompensar o filho e a esposa do homem que ele matou.

André se mantinha atento às palavras do avô.

– Eu poderia ter mandado matar o filho da vítima que testemunhou o assassinato, mas não fiz. Pelo contrário, eu procurei recompensá-lo com uma farta quantia em terras, que poderia mudar para sempre ou, pelo menos, por um bom tempo, a vida econômica do sujeito. Eles estavam na pior. Em petição de miséria. E o filho da vítima aceitou minha proposta, porque percebeu que só assim poderia realmente dar um novo rumo a sua vida e a dos filhos que viesse a ter.

Valdemar fez breve pausa antes de prosseguir seu desabafo:

– André, meu neto, infelizmente você morreu jovem demais, não pôde provar a alegria de ser pai, se tivesse, compreenderia tudo o que fiz para impedir que seu pai fosse parar atrás das grades. Um filho pode ser um bandido, assassino e sanguinário, mas sempre será um filho adorado aos olhos dos pais.

Voltando-se para Delcídia, André perguntou:

– A Senhora sabia disso, vovó?

– Sim, meu neto, soube depois de algum tempo. Na hora, seu avô não quis que eu soubesse de nada, para me poupar do baque que eu certamente teria com a notícia. Seu avô também instruiu seu pai a manter tudo em sigilo. Mas eu sabia que alguma coisa estava errada. Sempre tive uma boa intuição. Quando descobri a verdade, foi mesmo um choque para mim e, como mãe, é óbvio que eu quis proteger o meu filho. Ainda assim, minha intuição dizia que isso iria acabar mal. Como de fato acabou.

Ela chorou, não conseguiu ir além.

– Aonde a senhora quer chegar, vovó?

Com grande dificuldade, Delcídia respondeu:

– A dor que a esposa do velho Belmiro Carvalho sentiu, e a do filho dele, ao encontrarem o pai assassinado, são as mesmas que seu pai está sentindo com a sua morte. Em outras palavras, André, o mal que seu pai provocou no outro, no passado, voltou para ele. Por isso que na Terra se diz: "Aqui se faz, aqui se paga!". "Fez o mal, o mal volta para você!". Sempre tive medo dessas frases. Por isso sempre receei que, um dia, o pior voltasse para seu pai e para a nossa família. Mesmo que seu avô tivesse recompensado a família do morto, com uma bela quantia em terras, tive medo de que isso não impedisse o destino de dar o troco em seu pai e em nós mesmos.

– Entendo.

Breve pausa e Delcídia encarou o marido. Só então voltou-se para o neto e disse, com profunda tristeza:

– Eu e seu avô, André, acreditamos que sua morte aconteceu por causa desse lapso cometido por seu pai e por nós, no passado.

– Minha morte?!

A mulher afirmou que sim com a cabeça.

Só então André compreendeu o que atormentava tanto os avós, desde que souberam do seu desencarne.

– Por isso vocês....

– Sim.

O silêncio caiu pesado no recinto. Foi Delcídia quem falou primeiro:

– Seu pai não vai aguentar por muito tempo. Ele o adorava. Receio que tente contra a própria vida. E um suicida, André... – todos se arrepiaram. – Um suicida tem um fim ainda pior do que os que vão parar no umbral. Procure se informar, o espirito amigo pode ajudá-lo, neste caso.

– Sim, ele já me falou a respeito. Trata-se de um lugar chamado Vale dos Suicidas.

– Exato.

Valdemar opinou:

– Sua avó tem razão, André. Seu pai, numa hora dessas, deve estar na pior.

– Então alguém precisa fazer algo por ele.

– Alguém, sim, mas quem? Como?

– Vovó, vovô, esse alguém serei eu. Pedirei permissão para visitar meu pai na Terra. Eles não poderão me negar. Não por um objetivo tão nobre.

– Faça isso, meu neto.

– Faça sim, meu querido – reforçou Delcídia. – E vamos orar desde já, para que você tenha êxito na sua missão, da mesma forma que teve ao resgatar seu avô do umbral.

E o neto, muito emocionado, abraçou os avós, derramando-se em lágrimas.

Muitos espíritos concordariam com Delcídia e Valdemar a respeito do que aconteceu a André. Para muitos, sua morte prematura realmente havia se dado como reação ao ato de seu pai no passado. Se era verdade ou não, André não se dispôs a saber. Estava mais interessado em impedir seu pai de cometer uma nova estupidez, do que se ater a algo que já não tinha mais remédio. O que estava feito, estava feito, enquanto que o agora e o futuro, esses sim, poderiam ser mudados através de amor e de bom senso.

A seguir, André partiu na companhia de seu amigo espírito em busca dos dirigentes responsáveis por sua possível ida à Terra.

Ao se verem sós, tal como faria uma criança necessitada de afeto e atenção, Valdemar deitou a cabeça no colo da esposa. Ela, como nos velhos tempos, acariciou-lhe os cabelos como faria uma mãe carinhosa e repleta de amor por seu filho.

Capítulo 16

Depois de mais uma noite mal dormida, Lucimar deixou seus pais ainda mais preocupados.

– Filha – disse sua mãe, querendo muito ajudá-la. – Você mal tocou na comida.

– Estou sem fome, mamãe. Sem apetite.

Os pais da jovem se entreolharam e para animar a jovem, o Senhor Barcelos sugeriu:

– Lucimar, minha querida. Essas panquecas estão divinas. Se você não comer, comerei todas.

Ela emitiu um sorrisinho sem graça, pediu licença e se levantou da mesa. Foi para o quarto e sentou-se na cama, de pernas cruzadas. Sentia a garganta se apertar, como se algo estivesse entalado ali. Algo que ela queria pôr para fora, arrancar do seu interior e logo compreendeu o que era. No minuto seguinte, ela apanhou sua bolsa e partiu, sem sequer se arrumar diante do espelho.

– Lucimar, filha – perguntou a mãe. – Aonde você vai?

– Caminhar um pouco, mamãe. Acho que me fará bem.

– Quer que eu vá com você?

– Não, obrigada. Eu realmente preciso ir só.

– Está bem – respondeu-lhe a mãe, incerta se realmente deveria deixar a filha sair sozinha.

Passo a passo, Lucimar chegou a casa dos Pascolato, onde entrou sem pedir permissão.

Ao vê-la, Valdecir e Cristina se surpreenderam com sua aparência. Dava pena de vê-la tão deprimida, pálida e ao mesmo tempo, furiosa.

Sim, furiosa. Pelos olhos vermelhos e flamejantes, podia se ver a fúria causticando o seu interior.

– Lucimar... – falou Cristina procurando ser gentil.

– O meu assunto aqui é com seu marido, Dona Cristina.

A raiva na voz da garota era notável e assustadora.

– Diga Lucimar, o que quer? – prontificou-se Valdecir, pondo o jornal de lado.

Ela tentou falar, mas a raiva comprimiu suas palavras. O clima pesou e foi nesse instante que Vinícius e Bianca Pascolato chegaram na sala. Ao ver a jovem, pensaram em lhe dizer "olá", puxando assunto, mas diante do clima tenso, calaram-se.

Lucimar continuava a encarar Valdecir com olhos furiosos. Eles estavam tão flamejantes que Valdecir se sentiu mal.

– Lucimar – tentou ele falar, mas ela o interrompeu bruscamente.

– Confirmei com os meus pais, a história que aquele rapaz nos contou na tarde de anteontem. Muitos na cidade já desconfiavam de que havia sido você quem assassinara o avô do rapaz. Agora, todos têm certeza. A mesma certeza que eu tenho, de que foi por sua causa que o André morreu.

Valdecir se arrepiou tanto quanto Cristina.

– É isso mesmo! O André morreu por sua causa e o senhor sabe disso. Estou vendo em seus olhos. Também já percebeu que é o culpado pela morte dele. Isso o torna duplamente assassino. Duplamente assassino!

Lucimar não foi além, rompeu-se num choro agonizante e Bianca rapidamente foi em seu auxílio.

– O seu lugar – tornou Lucimar, recuperando o domínio sobre si. – O seu lugar é na cadeia. Pagando pelos crimes que cometeu.

Sem mais, ela partiu, estugando os passos, lançando lágrimas ao vento. Bianca foi atrás dela, não poderia deixá-la partir, tão nervosa como estava.

Assim que as duas jovens deixaram a sala, Vinícius, o filho do meio de Valdecir e Cristina, voltou-se para o pai e perguntou:

– Pai, é mesmo verdade o que a Lucimar acabou de dizer? O senhor realmente matou o avô daquele rapaz?

Valdecir não precisou responder à pergunta. Seus olhos, vermelhos e assustados disseram mais do que mil palavras. Naquele instante, Vinícius sentiu seu sangue ferver.

– Pai... – balbuciou o jovem, tomado de indignação. – Desde menino eu aprendi, por meio dos desenhos animados da TV e dos filmes, que o mal deve ser combatido sempre pelos heróis e o bem deve prevalecer, acima de tudo. Aprendi também que o vilão deve pagar pelos males que cometeu e o assassino deve apodrecer na cadeia. Eu e meus amigos sempre torcemos pelos homens de bem. Sempre torcemos para que os heróis que defendem o bem, triunfem no final. Todos amam os super-heróis, policiais e detetives que pegam os assassinos no final de um filme, novela, desenho ou romance. Aqueles que põem todo mau-caráter no seu devido lugar. Torcemos por eles, porque queremos viver num mundo de paz, onde cada semelhante respeite o seu semelhante.

Vinícius tomou fôlego e quase chorando, endereçou nova pergunta a Valdecir:

– Quais foram os seus heróis, meu pai? Quais foram os desenhos animados que você assistiu? Quais foram os romances prediletos que você leu? Aposto que em nenhum deles o mau-caratismo triunfou no final. Tenho a certeza de que os meus heróis são os mesmos que você teve, porque foram criados há muito, muito tempo e passam de geração para geração.

Valdecir mordeu os lábios, enquanto fechava os olhos até espremê-los. Fez isso como uma tentativa frustrada de fugir da realidade que o estava reduzindo a pó.

Ao voltar a falar, Vinícius fez uso de palavras ainda mais severas:

– Eu agora sinto vergonha de ser seu filho. Vergonha! E, ao mesmo tempo, medo.

Cristina finalmente se manifestou:

– Não há motivo para ter medo, Vinícius.

– A senhora não ouviu o que a Lucimar disse? O André morreu por causa do que o pai fez. É isso que estavam comentando na escola e eu não havia entendido. Mas agora eu sei. Agora eu entendo.

Sem mais, o adolescente deixou a sala, correu para o seu quarto e se fechou nele, batendo a porta com toda força. Cristina correu atrás do filho, na esperança de acalmá-lo.

Valdecir permaneceu na sala, sob os olhos atentos da filha que já voltara para lá. Ele já não tinha mais coragem de encará-la. Seu queixo tremia, devido à forte emoção. O clima ficou ainda mais tenso, como se uma névoa pesada o envolvesse.

Bianca pensou em lhe dizer alguma coisa, mas calou-se.

– Não adianta – admitiu Cristina, assim que retornou a sala. – Ele não quer abrir a porta de jeito nenhum.

Voltando-se para a filha, a mãe pediu:

– Tente você, Bianca. Talvez seu irmão a ouça.

– Farei, mamãe.

E para lá foi a menina. Cristina então levou as mãos aos cabelos, num gesto desesperador e disse, aflita:

– Isso tudo só pode ser um pesadelo. Um pesadelo, meu Deus.

E novamente o silêncio caiu pesado no recinto.

Foi Valdecir, minutos depois, quem o rompeu, dizendo:

– A morte do André... Você acha que foi um castigo?

– Castigo? – Demorou, mas logo Cristina compreendeu aonde ele

87

queria chegar. – Você quer dizer...

– Sim – afirmou ele. – Pois estou sentindo na alma, o mesmo que a família do Belmiro sentiu ao tê-lo morto por mim.

Cristina agora mordia os lábios, nervosa. Sem se dar conta, repetiu:

– Tudo o que se faz, um dia volta pra você. Se semear o bem, colherá o bem. Se semear o mal...

E novamente ela se arrepiou.

Aquele foi, sem dúvida, mais um dos piores dias da vida da família de Valdecir Pascolato. Vinícius acabou jantando em seu quarto, e durante a refeição, Bianca tentou quebrar o gelo entre os pais. Por fim, também foi para o seu aposento fazer suas tarefas.

Na hora de dormir, Cristina preferiu se deitar no quarto que era de André.

Ao saber que dormiria lá, Valdecir lhe perguntou, olhando atentamente em seus olhos:

– Você sente repulsa de mim, não é, Cristina? Desde que eu lhe contei a verdade, você...

O rosto dela, afilado e triste endureceu. Numa exclamação aguda e enojada, ela respondeu com toda sinceridade:

– Não vou mentir para você, Valdecir. Não quero e não vou. Mas desde que... Desde que você admitiu ter matado aquele homem, sinto-me desconfortável ao seu lado. Tão desconfortável que não consigo mais dormir em paz, chego a tremer de medo por saber que o homem deitado ao meu lado foi capaz de matar um sujeito. Um senhor, pai de família, íntegro, que lutava para sustentar sua família com dignidade.

A voz de Cristina falhou, ela fechou os olhos e tentou amortecer o impacto daquilo em sua vida. Não conseguindo, reabriu os olhos e se fez sincera mais uma vez:

– Como você pôde, Valdecir? Como você pôde...

E novamente sua voz falhou.

– Cristina – disse ele também com voz embargada. – E o nosso amor, Cristina? Aquele amor que você dizia sentir por mim, capaz de superar deslizes como esses? Onde for parar?

Ela tornou a olhar para ele com amargura. Ele insistiu na pergunta:

– Diga-me, olhando bem fundo nos meus olhos. Onde foi parar todo aquele amor que você dizia sentir por mim?

Antes ela não tivesse respondido. Sua resposta cortou-lhe o coração como um ácido corrosivo:

– No mesmo lugar em que você certamente esqueceu o seu amor pelo próximo. Porque se não tivesse esquecido, não teria matado aquele senhor e, com isso, condenado o nosso filho à desgraça que o matou.

– Então, você também acha que o André morreu por minha culpa.

– Sim! Pois aqui se faz aqui se paga, ouvi esse ditado a vida inteira e nunca encontrei ninguém que o pusesse em dúvida. "O que você faz, um dia volta pra você". Esse também foi outro ditado muito popular que sempre ouvi desde menina. E digo mais, Valdecir, seu pai também morreu daquela forma por causa da estupidez que você cometeu.

– Não me jogue mais essa culpa.

– Não sou eu quem quer, Valdecir, é a justiça divina.

Sem sequer lhe desejar boa-noite, a mulher se dirigiu para o quarto que fora de André, trancou-se ali e, junto à cama, ajoelhou-se, orando fervorosamente por sua alma.

Valdecir permaneceu na sala, sob o facho de luz do abajur. Não era somente o desespero e o desgosto de haver perdido um filho que o martirizava naquele instante. Era o peso da culpa que voltava com tudo para atormentá-lo, apesar de ele procurar demasiadamente afastá-la do pensamento. A culpa pelo crime cometido, algo que nunca mais lhe permitiu ter paz.

Aquela foi mais uma noite nebulosa para o homem cuja própria vida estragara ao desrespeitar a vida alheia. Acabou dormindo ali mesmo, sentado na poltrona, minutos depois, por exaustão física.

Capítulo 17

No dia seguinte, Cristina só se levantou da cama porque tinha mesmo de preparar o café da manhã para os filhos que logo partiriam para o colégio.

Ao perceber que Vinícius não havia acordado, Cristina foi até seu quarto e bateu à porta. Sem obter resposta, entrou e, ao ver o filho ainda estirado na cama, coberto com o edredom até o pescoço, aproximou-se dele.

– Vinícius, o que houve? Você está doente?

O adolescente estava todo encolhido.

– Fale comigo, Vinícius! Fale comigo! – Cristina se desesperou e agarrou o garoto pelos ombros, chacoalhando-o todo. – Fale comigo, meu amor. Fale comigo...

A voz dela se rompeu num choro agonizante.

O adolescente também chorava e tremia por inteiro.

Diante da confusão, Bianca correu para o quarto e ao ver a cena, também se emocionou.

– Mamãe, o que está acontecendo?!

Cristina nada respondeu, apenas afastou o rosto do filho para poder enxergá-lo melhor e disse, amaciando a voz:

– Calma, meu querido. Sua mãe está aqui. Ao meu lado você está seguro, pode acreditar.

O jovem finalmente reagiu. Abraçou a mãe com voracidade, como se dependesse daquele abraço para sobreviver. Quando finalmente conseguiu olhar diretamente para os olhos dela, Vinicius Pascolato falou, com voz entrevada pelo medo e pavor:

– Não vou na escola, mãe.

– Se você não está se sentindo bem, eu o levo até um médico.

– Daqui não saio mais, nunca mais!

– O quê?! Como assim, Vinícius? Você tem escola, tem suas atividades esportivas de que tanto gosta. Tem também suas aulas de violão...

– Daqui eu não saio mais, mãe – reforçou o garoto apavorado. – Se o André morreu por consequência do que o pai fez no passado, o mesmo vai acontecer comigo.

Só então Cristina compreendeu o raciocínio do garoto.

– Não, meu querido... – Cristina sentiu sua alma gelar.

– Vai sim, mãe! Todos estavam comentando ontem no colégio a respeito disso. O André morreu por causa do crime que o pai cometeu no passado. Todo mal que se faz, um dia volta pra você, direta ou indiretamente. Não se falava noutra coisa. Muitos dos amigos do André estavam aqui em casa, no dia em que aquele rapaz apareceu e contou a todos que o pai tinha assassinado um homem. Por isso, a notícia se espalhou.

– Não é bem assim, Vinícius.

– É sim, mãe. A senhora sempre nos alertou a respeito. "Nunca faça para o outro o que não gostaria que fizessem para você. Porque um dia você vai receber tudo de volta". Esses foram seus alertas.

De fato, Cristina havia mesmo alertado os filhos a respeito daquilo. Tivera um caso evidente em sua família que provava, sem sombra de dúvida, que todo mal que se faz, um dia realmente volta para quem o praticou. Tanto que isso marcou sua família tremendamente.

Foi Bianca quem falou a seguir:

– Mamãe... – disse a jovem com delicadeza. – A senhora acha mesmo que...

– Não, filha. Não! – mentiu Cristina para evitar pânico nos filhos. – Deus é misericordioso... Deus...

Ela puxou a filha para junto dela e a fez se sentar na beirada da cama. Então disse:

– Meus queridos, ouçam-me, por favor. Precisamos nos manter unidos e confiantes. Só assim nos protegeremos, só assim conseguiremos atravessar esse período difícil.

– Estou com a senhora, mamãe.

– E quanto a você, Vinícius? Preciso da sua ajuda.

Tudo o que o jovem conseguiu dizer, tremendo por inteiro, foi:

– Daqui não saio mais, mãe! Não quero morrer!

– Você não vai morrer, meu querido.

– Vou sim! O André era um bom motorista e mesmo assim, ele perdeu a direção. Isso prova que ele morreu mesmo por consequência do que o pai fez ao avô daquele rapaz. Aqui se faz aqui se paga. Ele...

O rapazinho calou-se ao ver o pai diante do batente da porta. Valdecir saíra do banho há pouco, por isso não pôde ouvir os gritos da esposa com o filho do meio, quando ela o encontrou agoniado debaixo do edredom. Todavia, ouvira bem o que o filho dissera há pouco, o suficiente para compreender o que estava se passando.

Com grande esforço, ele tentou relatar o que ia fundo em seu coração:

– Vinícius, Bianca... – os olhos dele se verteram em lágrimas. – Perdão pelo que fiz. Perdão por tê-los feito passar por essa situação tão delicada. Perdão pela decepção que lhes causei. Perdão por não ser o pai perfeito que vocês mereciam ter. Perdão, perdão, perdão...

Nenhum dos filhos soube dar ao pai, o que ele tanto almejava receber para silenciar, quem sabe, os gritos que ecoavam na alma.

Desamparado, Valdecir retornou ao seu quarto onde se escorou contra a parede e chorou, baixinho, sua derrota.

Enquanto isso, Cristina já não sabia mais o que fazer para ajudar o filho do meio.

– Mamãe – tornou Bianca, olhando firme em seus olhos. – A senhora também está com medo, não é? Também acredita que o que houve com o André pode acontecer com qualquer um de nós, não é mesmo?

– Sendo bem sincera com você, Bianca. Estou é mesmo com ódio, raiva, decepção e frustração pelo que estamos passando.

– A senhora também acha que algo de ruim pode acontecer conosco? – indagou Bianca.

– Filha, eu diria a você que todo cuidado é pouco. A vida tem muitos mistérios, devemos nos precaver. No momento, porém, estou é mais preocupada com o Vinícius. Ele não pode continuar do jeito que está. Vou ter que pedir para o Doutor Felipe vir vê-lo. Será melhor. Se eu forçá-lo a sair de casa, receio que ele entre em pânico.

– Faça isso, mamãe.

– Farei.

E sem delongas, Cristina apanhou sua bolsa e foi para o consultório do médico que sempre atendera seus filhos, desde o começo da adolescência.

Assim que a mãe partiu, Bianca deu pela falta do pai e foi procurá-lo em seu quarto. Bateu na porta e diante do silêncio prolongado, entrou.

– Papai – chamou-o delicadamente.

Demorou para que ele lhe dirigisse o olhar. Quando fez, Bianca sentiu na alma a dor que devastava o seu interior, naquele momento.

– Papai... – tornou ela com o mesmo carinho que sempre o tratara. – Venha tomar seu café. Eu preparo para o senhor.

O queixo dele tremia, o coração batia disparado no peito, a pressão estava alta.

Visto que ele não se movia, a adolescente aproximou-se, delicadamente enxugou-lhe as lágrimas com a ponta de seus dedos delicados e a seguir, puxou-o pelo punho. Na cozinha, enquanto preparava duas torradas e coava um novo café, explicou o que tinha acontecido com Vinícius, por isso Cristina fora chamar o médico. Para alegrá-lo, Bianca lhe disse:

— Cafezinho bom é aquele que é coado na hora. Foi isso que a vovó sempre me ensinou.

Um sorriso tímido brilhou na face de Valdecir Pascolato.

Quando ele pegou a xícara com o café, sua mão tremia tanto que por pouco não a derrubou. Foi preciso segurá-la com as duas mãos se quisesse realmente beber o líquido saboroso e fumegante sob os olhos amorosos da filha.

— O Vinícius vai se recuperar, papai. No início é mesmo assim, mas depois... Ele se recupera.

Valdecir assentiu, esperançoso.

Enquanto isso, Cristina chegava na clínica médica. Mesmo afirmando que era uma emergência, ela teve de esperar pela ordem de chegada. Ao ser atendida, foi logo dizendo:

— Doutor, meu filho Vinícius está mal, muito mal.
— Por que não o trouxe até aqui?
— Porque ele não sai de casa por nada.
— Não sai de casa? Como assim?
— Ele está enfurnado no quarto dele, embaixo do edredom, com medo de tudo e de todos.
— O que o deixou assim?
— É uma longa história. Tudo o que preciso do senhor agora, é que vá até em casa vê-lo.
— Senhora, não tenho como sair da clínica agora. Tenho pacientes agendados para atender.
— Mas o caso do Vinícius é urgente.
— Ele deve estar sofrendo de síndrome do pânico.
— Já ouvi falar.
— Pois bem, traga-o aqui.
— Ele não virá.
— Insista.
— Já insisti.
— Eu sinto muito, mas a senhora terá de trazê-lo até mim.

Cristina se enervou. Saltou da cadeira feito uma mola e disse, furiosa:

— Custa ir lá em casa, vê-lo? Vocês médicos são todos iguais, uns insensíveis, isso sim.

— A senhora está muito nervosa. É melhor tomar um calmante.

Cristina simplesmente lhe mandou às favas e saiu do consultório, batendo a porta com toda força. Mal soube como chegou em casa, estava tão aflita e transtornada com o que estava acontecendo, que nem reparou no trajeto. Tinha a impressão de que o mundo todo estava desabando sobre a sua cabeça.

Com muito custo, com a ajuda de dois amigos inseparáveis de Vinícius, eles conseguiram levar o adolescente a um outro médico que recomendou um psiquiatra. Vinicius tremia por inteiro, durante o tempo todo do trajeto, encolhia-se dentro de sua jaqueta, olhando assustado para todos os lados.

– Cuidado, mãe, vai devagar – pedia, aflito.

Mesmo com os amigos tentando alegrá-lo, o jovem não conseguia relaxar. Estava mesmo com síndrome do pânico, diagnosticou o psiquiatra que lhe prescreveu um antidepressivo que era, até então, a única solução encontrada para combater esse mal.

Vinicius não teve coragem de ir nem à missa de sétimo dia do irmão. Mesmo porque, o remédio ainda levaria dias para começar a fazer efeito.

Mais uma noite e, ao ver Cristina indo se deitar noutro quarto, Valdecir tentou uma reaproximação. Atitude que nada nela despertou. Então, mirando fundo nos olhos dela, ela com toda sinceridade disse:

– Vou me embora daqui, Valdecir.

– O quê?! Você vai me abandonar, é isso?

Ela, muito certa, respondeu sem titubear:

– Sim. Não consigo mais dormir ao seu lado, tampouco olhar para você, sem sentir um gelo no estômago. Continuar ao seu lado seria um suicídio.

– Cristina, você está sendo cruel comigo...

– Não, Valdecir, estou sendo sincera com você. Transparente.

Ela tomou ar e acrescentou:

– O Vinícius irá comigo. Será melhor para ele ficar longe daqui, longe das memórias que tanto o afligem. A Bianca não quer ir, também não quer que eu vá, mas...

– Não vá, Cristina. Por favor.

Ela se manteve firme na sua decisão.

– Para onde você pretende ir?

– Para a casa da minha mãe. Ela já está a par da situação. Será ótimo para o Vinícius respirar novos ares.

– E quanto à escola dele?

– De que adianta ficar, se ele se recusa a frequentá-la?

O marido assentiu.

– Amanhã mesmo, partimos. Boa noite.

Sem mais, ela se dirigiu para o seu aposento, deixando Valdecir Pascolato com uma terrível sensação de abandono e solidão.

No dia seguinte, ao ver as malas prontas da esposa e dos filhos, Valdecir sentiu na alma a tristeza do abandono.
– A Bianca? – perguntou com voz trepidante. – Ela vai com vocês?
Foi a própria garota quem explicou para o pai, baixinho ao seu ouvido:
– O Vinicius, papai, ele quer muito que eu vá com ele. Só faltou me implorar para eu ir. Por isso, conversei com a diretora do colégio, expliquei a situação e vou me ausentar por duas semanas.
– Entendo – respondeu Valdecir tentando se fazer de forte.
– Mas eu volto, papai. Eu volto.
E ela lhe deu um beijo afetuoso que o desmoronou de vez, fazendo-o abraçar a garota, como se dependesse daquele abraço para continuar vivo.
De alguma forma, ele sabia que ela não mais voltaria. Nem ela nem a esposa nem o filho do meio. De fato, Cristina pediu-lhe o divórcio dois dias após sua partida.
Naquela casa imensa, restaram apenas Valdecir e a solidão, o sentimento de culpa e o remorso por ter destruído sua vida, por meio de uma estupidez do passado. Ele sempre fora aconselhado a não se envolver com drogas e, mesmo assim... Já era tarde demais para chorar por seus erros.

Capítulo 18

Valdecir fora sempre muito saudável, mas os últimos acontecimentos envolvendo sua vida afetaram totalmente sua saúde física. No dia em que foi assinar um cheque e não conseguia se lembrar com que nome deveria assiná-lo, percebeu que realmente chegara ao fundo do poço.

Com isso foi também parar num psiquiatra que lhe receitou um remédio tarja preta. Dias depois, cansado dos olhares julgamentosos das pessoas que cruzavam com ele pelas ruas, decidiu não mais sair de casa. Para Valdecir, todos o olhavam, pensando:

"Lá vai um assassino, impune".

"Lá vai um filhinho de papai que só porque tinha posses, safou-se da justiça!".

O mais dolorido eram os que fingiam não vê-lo, especialmente seus amigos de longa data.

Quando ele não mais conseguiu suportar a solidão e nem sua mente bombardeada de pensamentos vis, apanhou a carteira, o carro e partiu rumo a um acerto de contas.

Assim que ganhou a estrada, pisou fundo no acelerador. Logo, ultrapassava o limite de velocidade permitido na ocasião. Não era seu costume dirigir perigosamente. Ele gostava da velocidade, mas de risco calculado. Naquele dia, porém, sua regra foi rompida, pois Valdecir queria chegar ao seu destino, o mais rápido possível. Havia uma necessidade urgente de concretizar seus planos, o quanto antes.

Nem mesmo durante as curvas, Valdecir diminuiu a velocidade. Ainda que estivesse tão desesperado para alcançar sua meta, ninguém tinha o direito de correr daquele modo; não só porque punha em risco a vida do próprio motorista, como a dos demais que dirigiam pela mesma rodovia.

Com os olhos fixos na estrada, Valdecir dialogava consigo próprio. Quanto maior seu desejo de vingança, mais fundo ele pisava no acelerador.

Ao chegar na cidade de Acalanto, não demorou para localizar a morada de Bruno Carvalho. Nessa hora, Valdecir transpirava muito, sem saber ao certo se era de calor, tensão ou revolta.

Diante da casa do rapaz, ele estacionou o carro, respirou fundo e foi cumprir sua meta. Apertou a campainha e logo foi atendido por Damaris que imediatamente estranhou seu aspecto.

– Boa tarde – disse ela, estudando sua face com grande atenção.

– Bruno Carvalho, ele está?

Seu tom deixou Damaris apreensiva. Algo em torno do sujeito a fez se sentir mal e ela logo descobriu o porquê.

– Você... – balbuciou ela, perdendo a cor.

– Sim – afirmou o recém-chegado, gravemente. – Eu mesmo. Valdecir Pascolato.

Damaris imediatamente bateu a porta e passou o trinco. O impacto chamou a atenção de Bruno que foi até lá, ver o que havia acontecido. Assustou-se ao ver a mãe, pálida e trêmula.

– Mãe... – gaguejou o rapaz.

Por mais que tentasse, Damaris não conseguia articular palavras.

– O que foi, mãe? – preocupou-se Bruno, voltando os olhos para a janela. – Quem era?

Damaris, balançando a cabeça de um lado para o outro, respondeu:

– Ninguém, Bruno. Um pedinte.

O rapaz não acreditou, por isso espiou pela janela e, quando avistou Valdecir Pascolato, reconheceu-o de imediato.

– O Demônio...

– Deixe ele ir embora, Bruno.

– Ele não irá, mãe. Ele quer falar comigo, não quer? Falarei com ele.

Damaris segurou o filho pelos braços.

– Não, Bruno. Ele vai matá-lo como fez com o seu avô. Ele está transtornado. Pude ver em seus olhos.

– Mãe.

– Bruno, por favor!

Ele segurou firme os punhos dela e a afastou.

– Sou homem, mãe. Não um covarde.

– Não vá, Bruno. Não vá! – Damaris começou a chorar.

Percebendo que o filho não mudaria de ideia, ela falou, com todas as letras:

– Vou ligar para a polícia.

Mas Bruno não a ouviu, simplesmente escancarou a porta e enfrentou o sujeito.

– Quer falar comigo? – perguntou secamente. – Fale!

Valdecir o encarou e foi como se o tempo tivesse parado naquele instante, isto é, congelado os dois homens, face a face, olhos nos olhos.

– Desembucha – falou Bruno, impacientemente. – Tô esperando.

Valdecir já não era mais o mesmo, não tinha a coragem que pensara ter para enfrentar o rapaz que acreditava ter destruído sua vida. Por fim, ele disse com voz falha:

– Meu filho do meio, depois que você apareceu na nossa casa e falou tudo aquilo de mim, acredita que o que aconteceu ao irmão dele foi uma punição divina, por eu ter assassinado um homem. Isso o faz acreditar que o mesmo acontecerá com ele, por ser meu filho. Ele não sai mais de casa de tanto medo, nem mesmo para ir à escola. Está com síndrome do pânico.

– Eu só disse a verdade.

Valdecir ignorou seu comentário, simplesmente prosseguiu:

– Minha esposa não mais conseguiu dormir ao meu lado, depois que tudo veio à tona. Hoje, ela tem asco de mim. Pegou meus filhos e foi embora da nossa casa, a casa que eu construí com tanto amor para abrigar minha família.

Novamente a voz dele falhou. Foi preciso grande esforço de sua parte para prosseguir:

– Você destruiu a minha vida, rapaz. Acabou com ela.

Bruno defendeu-se imediatamente da acusação:

– Eu, não! Quem destruiu a sua vida foi você mesmo ao assassinar o meu avô. Um homem bom e trabalhador. Um homem digno.

– Eu errei. Admito o erro. E se você quer que eu lhe peça perdão agora, pelo que fiz ao seu avô naquela noite, eu peço. De uma coisa você pode estar certo. Quando me perguntou se eu dormia direito, depois do assassinato que cometi, respondo-lhe que não, jamais consegui. Primeiro foram os pesadelos, depois o remorso, a culpa...

Bruno foi impiedoso mais uma vez:

– Sabe o que você deve fazer para silenciar o seu remorso, a sua culpa? Entregar-se à polícia. Receber a punição merecida pelo seu ato covarde.

– É isso que você quer de mim?

– É isso o que a sua consciência quer.

Valdecir concordou, balançando a cabeça positivamente.

– Está bem. Só há um porém. Já que você ficou tão indignado com a atitude de meu pai para acobertar o que fiz... Já que se revoltou com seu pai, por ele ter aceitado a proposta do meu pai... Então, devolva para mim a fazenda que seu pai recebeu, em troca de silêncio. Devolva.

Bruno perdeu o chão.

– Porque você quer justiça, não é isso? – prosseguiu Valdecir. – Se a forma que meu pai encontrou para fazer justiça à sua família, recompensá-la de algum modo, não o satisfez, desfaça o trato, devolva-me a fazenda que o seu pai recebeu do meu.

Bruno jamais havia pensado naquilo. Percebendo seu abalo, Valdecir arrematou:

– Você vai voltar à estaca zero, meu caro, a mesma em que seu pai se encontrava na ocasião. Ou melhor, vai não, porque durante esses anos todos, o lucro da fazenda que meu pai doou ao seu permitiu à sua família construir uma casa nova, comprar bons carros e pagou seus estudos até a faculdade.

Bruno engoliu em seco.

Voltando os olhos para a casa, Valdecir voltou a falar:

– Isso tudo pode ficar com você e sua mãe, mas a fazenda, a fazenda em si, eu a quero de volta. Porque ela faz parte de um acordo que o revolta, o enche de indignação. Como é que você vai continuar usufruindo de uma terra que foi obtida por meio de derramamento de sangue? Como? Agora sou eu que te pergunto: você vai conseguir olhar para aquilo tudo, sabendo que custou a vida do seu avô?

Bruno estava em choque.

– Perdeu a fala, não é rapaz? – Valdecir riu triunfante. – Responda-me, vai! Você não esperava por isso, não é mesmo? Não se importou com esse detalhe, porque é muito cômodo para você. Sem o acordo que meu pai fez com o seu, você provavelmente não teria sequer se formado. Não! Infelizmente não!

Era evidente que não, Bruno perdera o rumo.

– Eu já vou indo – anunciou Valdecir resoluto. – Assim que você decidir desfazer o trato, sabe onde me encontrar.

Sem mais, ele partiu, chegando a voltar por duas vezes, o olhar sobre o ombro, na direção do rapaz que permanecia em choque, em frente a sua casa. Sentindo-se menos pior do que quando chegara ali, Valdecir Pascolato partiu, meio minuto antes de a polícia chegar.

– Olá, boa tarde – disse um dos policiais, olhando severamente para Bruno. – Ligaram dessa casa para a delegacia. Qual é o problema?

Demorou para Bruno voltar a si.

– Chamaram?!

Damaris apareceu e explicou:

– Fui eu, policial. É que...

Bruno rapidamente interveio:

– Foi precipitação da parte da minha mãe, policial. O sujeito estava bêbado, apenas isso, nenhum mal poderia nos causar.

– Que direção ele tomou?

– Nem reparei.

Os dois policiais se olharam e com um aceno, partiram.

Bruno ainda se mantinha sob o peso das palavras de Valdecir, quando Damaris o chamou:

– Entre, filho. Venha.

A mãe o conduziu para dentro, pousando carinhosamente a mão em seu antebraço. O rapaz então se sentou no sofá, mergulhou as mãos nos cabelos e, dessa forma ficou, temporariamente. Por fim, olhou com amargura para a mãe e disse:

– Ele tem razão, mãe. Tem toda razão. Aquela fazenda é fruto de uma desgraça, de um acordo sórdido. Deve ser devolvida a ele. Porque se eu realmente quero justiça, justo também serei em lhe devolver o que tanto me decepcionou.

– Bruno, pelo amor de Deus. Seu pai deu a vida por essa fazenda. Não leve isso adiante. Quando chegamos aqui, a maior parte das terras ainda era improdutiva. Seu pai deu vida ao lugar. Ela não era esse paraíso que você vê hoje.

– Mesmo assim...

– Mesmo assim nós dependemos dela para sobreviver, Bruno. É o nosso ganha pão e dos funcionários que trabalham nela.

Ele engoliu a saliva amarga, tão amarga quanto a realidade que, naquele instante, descortinara-se a sua frente.

As palavras de Valdecir novamente ecoaram em sua mente:

"Como é que você vai continuar usufruindo de uma terra que foi obtida por meio de derramamento de sangue? Como? Agora sou eu que te pergunto: você vai conseguir olhar para aquilo tudo, sabendo que custou a vida do seu avô?".

– Ele tem razão – repetiu Bruno devastado. – Não vou mais conseguir olhar para aquelas terras, sabendo que elas custaram a vida do meu avô. Não vou!

– Bruno, meu filho – Damaris se ajoelhou diante dele. – Você está nervoso. Quando estiver menos tenso, vai raciocinar direito.

– Não há por que raciocinar, mãe. A verdade é uma só. Aquela fazenda foi adquirida por meio de derramamento de sangue. O sangue do meu avô adorado. Se eu realmente quero justiça, devo desfazer o trato com aquele demônio. Se realmente repudio o acordo que meu pai fez, devo devolvê-la. Eu seria um hipócrita se não fizesse.

– Bruno, meu filho, você tem uma vida inteira pela frente. Está noivo, em poucos meses há de se casar.

– Priscila ama a mim, mãe, não ao que possuo.
– Com certeza, mas da fazenda provem o seu ganha pão.
– Sou formado em Direito.
– Recém-formado, Bruno. Nunca trabalhou com isso. Até que adquira clientes, levará tempo. Um bom advogado não se faz da noite para o dia.
– Eu sei. Mas se quero chegar lá, devo começar.

Damaris bufou, sentou-se ao lado do filho, apoiou os cotovelos nos joelhos e o rosto entre as mãos.

– Não lhe direi mais nada, Bruno. Deixo você com a sua consciência.

E o rapaz absorveu novamente, com grande impacto, as palavras da mãe. Afim de espairecer, minutos depois, ele deixou a casa para caminhar a pé pela cidade. Damaris aproveitou o momento para deixar Priscila a par da situação, ligou para ela e lhe contou tudo. Agora, eram duas mulheres a se preocupar com Bruno Carvalho que seguia sem rumo, desorientado, pelas ruas da pequena cidade de Acalanto.

O pequeno diálogo que tivera com Valdecir uma hora antes, repetia-se incansavelmente na memória do rapaz:

"Sabe o que você deve fazer para silenciar o seu remorso, a sua culpa? Entregar-se à polícia. Receber a punição merecida pelo seu ato covarde.", dissera ele para o sujeito.

"É isso que você quer de mim?", revidara Valdecir no mesmo instante. "Está bem. Só há um porém. Já que você ficou tão indignado com a atitude do meu pai para acobertar o que fiz... Já que se revoltou com seu pai, por ele ter aceitado a proposta do meu pai... Então, devolva para mim a fazenda que seu pai recebeu em troca de silêncio. Devolva!"

E Valdecir completou:

"Porque você quer justiça, não é isso? Se a forma que meu pai encontrou para fazer justiça à sua família, recompensá-la de algum modo, não o satisfez, desfaça o trato, devolva-me a fazenda que o seu pai recebeu do meu."

As palavras do sujeito fizeram Bruno se arrepiar novamente. Ainda mais, as que ele usou em seguida:

"Você vai voltar à estaca zero, meu caro, a mesma em que seu pai se encontrava na ocasião. Ou melhor, vai não, porque durante esses anos todos, o lucro da fazenda que meu pai doou ao seu permitiu à sua família, construir uma casa nova, comprar bons carros e pagou seus estudos até a faculdade."

Voltando os olhos para a casa, Valdecir completara:

"Isso tudo pode ficar com você e sua mãe, mas a fazenda, a fazenda em si, eu a quero de volta. Porque ela faz parte de um acordo que o revolta, o enche de indignação. Como é que você vai continuar usufruindo de uma terra que foi obtida por meio de derramamento de sangue? Como? Agora sou eu que te pergunto: você vai conseguir olhar para aquilo tudo, sabendo que custou a vida do seu avô?"

Bruno continuava em choque.

"Perdeu a fala, não, é rapaz?", acrescentara Valdecir triunfante. "Responda-me, vai! Você não esperava por isso, não é mesmo? Não se importou com esse detalhe, porque é muito cômodo a você. Sem o acordo que meu pai fez com o seu, você provavelmente não teria sequer se formado. Não! Infelizmente não!"

O sujeito tinha toda razão, comentou Bruno consigo mesmo. Valdecir Pascolato poderia ser um assassino desalmado, mas estava certo em cada palavra que usara para articular seus pensamentos naquele instante.

Bruno não esperava por aquela virada do destino, sentia-se agora atingido na alma, o que o levou a afogar suas mágoas no primeiro boteco que encontrou.

Diante de sua demora em retornar para casa, Damaris ligou para Priscila, querendo saber se o filho estava com a noiva. Ao saber que não, a preocupação se multiplicou.

Bruno bebera tanto que mal conseguia andar, foi preciso sentar-se na sarjeta, senão cairia e poderia se machucar.

Pressentindo que algo de grave havia acontecido ao noivo, Priscila explicou a situação para seu irmão, que a levou de carro pelas ruas da cidade, em busca do paradeiro do rapaz.

– Pri, por que você acha que o Bruno está num bar? – perguntou seu irmão atento a direção.

– Porque da outra vez que ele se decepcionou com algo, foi parar num deles.

O irmão assentiu e assim que viu o rapaz caído na sarjeta, em frente a um boteco que já havia fechado as portas, parou o veículo.

– É ele – afirmou com pena da irmã, por ter de encontrar o noivo naquelas condições tão tristes.

– Eu vou lá.

Priscila soltou o cinto de segurança, abriu a porta e achegou-se a Bruno. Com tristeza, acariciou seus cabelos e disse:

– Pra que isso, meu amor?

Sua voz o despertou e ao vê-la, ele se curvou na posição fetal, chorando desesperadamente.

Priscila chorou com ele, e procurou lhe dizer palavras de otimismo e compaixão.

A seguir, com a ajuda de seu irmão, eles conduziram Bruno até o carro e o levaram de volta para sua casa.

Damaris, ao ver o filho chegando naquelas condições, desiludiu-se com a vida novamente. Com a ajuda de todos, Bruno foi levado para o seu quarto onde o irmão de Priscila o colocou debaixo do chuveiro, para despertá-lo da bebedeira. Bruno estremeceu debaixo da água, ligeiramente fria, mas foi bom, só assim poderia voltar à sobriedade.

Damaris agradeceu imensamente a ajuda da jovem e de seu irmão que logo partiram, pois já era tarde da noite e precisavam acordar cedo no dia seguinte.

Quando Bruno apareceu na cozinha, de banho tomado, Damaris, pondo um prato de comida sobre a mesa, falou, sem esconder o desagrado:

– Coma. Você precisa se alimentar.

Bruno nada respondeu, apenas sentou-se e obedeceu.

– Depois – acrescentou Damaris ainda decepcionada com a situação. – Ponha o prato na pia, amanhã eu lavo.

Sem mais, deixou o rapaz sozinho e foi se deitar. Não lhe disse boa-noite, tampouco o beijou. Estava realmente decepcionada com Bruno, depois de tudo o que fizera para torná-lo um rapaz digno e de bom-caráter.

Na manhã seguinte, Damaris continuou séria com o filho que também se mantinha de poucas palavras. Ao anunciar que iria sair, Damaris quis saber:

– Vai à fazenda? Se for, traga-me ovos, por favor.

A resposta dele foi imediata:

– Não, mãe. Vou procurar a Priscila. Acho que lhe devo explicações.

Damaris concordou com ele:

– Tem razão. Ela foi muito bacana com você.

Sem mais, o filho se retirou, deixando a mãe novamente apreensiva com a situação.

Ao chegar a casa da jovem, Bruno imediatamente lhe pediu desculpas pelo que acontecera na noite anterior e lhe apresentou seus motivos.

– Eu já sabia, Bruno. Sua mãe me ligou ontem, contando. Por isso, saí com o meu irmão a sua procura.

– Agradeça a ele por mim.

A jovem assentiu.

– Agradeço também você por ter se preocupado comigo. Sou-lhe imensamente grato.

– Quem ama cuida, Bruno. Não é isso que diz a canção?

Ele sorriu, um sorriso triste e pálido. Priscila, carinhosa como sempre, falou:

103

– Imagino o quanto tudo isso esteja sendo difícil para você, meu amor, no entanto, peço-lhe cautela.

– Mais do que já tenho?

– Paciência nunca é demais nessa vida, Bruno.

O rapaz quedou pensativo.

– Estou decidido a devolver a fazenda àquele marginal. Se você ainda me quiser depois disso, Priscila, você me diz. Sem receios.

– O que é isso, Bruno? Você está me ofendendo. Jamais estive interessada na sua fazenda. Meu único interesse foi você, sempre, nada além.

– Desculpe, mas é importante você saber que não terei mais uma bela propriedade e que minha condição financeira será reduzida aos honorários que ganharei como advogado.

– Eu sei, Bruno. Eu sei.

– Portanto, se você achar que eu não posso lhe dar a vida financeira estável que merece ter e quiser terminar comigo, eu vou compreender.

– Você quer terminar comigo, Bruno. É isso?

– Não, Priscila. Quero apenas deixá-la livre para escolher o que achar melhor para você.

Surgiram lágrimas nos olhos dela.

– Eu te amo, Bruno. Por amor, sou capaz de começar tudo do zero com você. Não tenho medo do futuro, estando ao seu lado, sei que seremos fortes para o que der e vier.

Ele também derramou lágrimas e quando não pôde mais se conter, abraçou a jovem que retribuiu o gesto, externando todo o seu amor pelo rapaz que tanto amava.

Depois do abraço. Priscila foi categórica:

– Só lhe peço que não se torne um cara revoltado e alcoólatra. Que continue sendo o mesmo Bruno por quem me apaixonei.

– O Bruno, por quem você se apaixonou, Priscila, ele não existe mais. Hoje ele reflete o peso da verdade. A vergonha da verdade. Permanecer ao meu lado será o mesmo que permanecer ao lado de alguém que todos falam mal pelas costas. Uma vergonha ambulante, filho de um pai vergonhoso.

A voz da jovem soou novamente determinada:

– Quem nesse mundo já não cometeu um deslize, Bruno? Quem nesse mundo já não errou; meteu os pés pelas mãos? Acontece. Perfeito mesmo só Deus.

O rapaz novamente se sentiu tocado pelas palavras da jovem que tanto amava. Então ela o beijou na esperança de que o afeto pudesse libertá-lo do caos que virou seu interior. Que Deus lhe concedesse essa graça.

Dali, Bruno partiu para a fazenda onde pretendia conversar com os empregados, a respeito da devolução da fazenda ao seu legítimo dono.

Pela estrada, levantando poeira, o rapaz continuou sendo atormentado pelas palavras de Valdecir Pascolato. Por isso, diante do empregado mais antigo da propriedade, o de maior confiança de seu pai, Bruno desabafou. Contou-lhe como seu pai havia adquirido aquelas terras e o que o assassino de seu avô lhe jogara na cara, um dia antes.

As palavras do sujeito analfabeto foram de uma sabedoria sem fim:

– Eu já sabia dessa história, Bruno.

– Sabia?!

– Sim. Foi seu próprio pai que me contô, quando ficô triste por se lembrá da morte do pai dele. Fiquei com pena, sabe? Seu pai era um hóme bão. Todo mundo aqui gostava dele. Todo mundo aqui e na cidade. Seu pai foi sempre um bão patrão pra todos nóis. O antigo, esse nunca foi flor que se cheire com os empregado. O pessoar só trabaiava pra ele porque realmente precisava de emprego; senão...

Bruno assentiu e o sujeito, no seu modo simples de ser, completou:

– Vô te dar um conselho, Bruno: põe tua cabeça no lugar. Antes de tomá quarqué decisão, pensa bem pra num ser injusto c'ocê, com nóis e, especialmente, com seu pai que transformou essas terra, em terra realmente produtiva e digna de se trabaiá. Lembra disso, fio. Num esquece.

As palavras do empegado realmente tocaram Bruno na alma. Revelavam algo que ele nunca havia se dado conta a respeito de tudo que se passara naquela fazenda, antes e depois de ter ido parar nas mãos de Jardel Carvalho. Mesmo assim, ele continuava determinado a devolver tudo aquilo para Valdecir Pascolato.

Ao comentar com Damaris, sobre sua decisão, ela rapidamente respondeu:

– Devolva a ele a sua parte, a minha não devolverei.

– O quê?! – surpreendeu-se Bruno a olhos vistos. – Como assim, a minha parte?

Damaris pacientemente explicou:

– A propriedade estava em nome do seu pai. Sendo eu casada com ele, em regime de comunhão de bens, tudo o que era dele após sua morte, fica metade para mim e metade para os filhos. Portanto, se você quer devolver sua parte a Valdecir, tudo bem. A minha não devolverei, porque o que a fazenda vale hoje, só vale pelo esforço do trabalho do seu pai desde que a recebeu como parte daquele trato.

– Um trato diabólico.

– Foi mesmo diabólico, Bruno? Com esse trato, nós pudemos mudar a nossa vida e a dos empregados da fazenda. Além de quê, seu pai sempre ajudou muita gente com o que produzia naquelas terras. Nas festas juninas e quermesses da cidade e região, para arrecadar fundos para os necessitados, seu pai fazia inúmeras doações. Na festa do milho, foi quem mais colaborava doando sacos e sacos para fazerem cural, pamonha, milho verde, etc. O Espiritismo diz que tudo está certo, se algo aconteceu de uma forma ainda que esquisita, é porque assim tinha de ser. Eles podem estar certos, filho.

Bruno se manteve irredutível:

– Essa é a sua última palavra? Está bem. Faça como preferir. Mas a minha parte eu devolverei a ele. Amanhã mesmo eu irei a Campo Belo, informar o sujeito sobre a minha decisão.

– Como você mesmo disse: faça como preferir.

E cada qual foi cuidar de seus afazeres naquele minuto.

Enquanto isso, no plano espiritual, o espírito amigo de André, procurava o jovem para lhe dar uma excelente notícia.

– André, você teve permissão para visitar seus entes queridos no plano terrestre.

– Jura?! – O rapaz estava feliz. Emocionado falou: – Quero ir, preciso ir! Sinto que minha ida, fará diferença na vida de todos que lá deixei e eram tão amados por mim, da mesma forma que eu também era muito amado por eles.

– Vá sim, meu amigo. Se você sente na alma essa necessidade, é porque ela é real. Espíritos de luz o acompanharão nessa jornada.

– Eu agradeço.

Capítulo 19

Antes de partirem para o plano terrestre, o amigo espiritual voltou-se para André e explicou:

– André, meu caro, quero que saiba que sua mãe e seus irmãos se mudaram para a casa de sua avó Amélia.

– A mamãe, o Vinícius e a Bianca?! E o meu pai?

– Ele continuou morando na casa de vocês em Campo Belo.

– Sozinho?

– Sim, André. Depois de saber do crime que ele cometera, sua mãe não mais conseguiu ficar na sua companhia. Além do mais, para ajudar seu irmão que, depois do baque com a verdade, teve síndrome do pânico, ela achou melhor levá-lo para morar noutro lugar. Novos ares lhe fariam bem. Assim, ela escolheu a casa da mãe que a acolheu com o mesmo carinho de sempre.

– Quer dizer então que... Quantas mudanças!

– Sim.

André realmente estava abalado.

– Pobre Vinicius, ele sempre foi alegre, tão esportista.

– Agora ele mal sai do quarto. E sua mãe chora todo dia, pelo que está acontecendo com ele e por sua morte.

– Então quero vê-los primeiramente. Se isso for possível, é claro.

– Está bem.

Por esse motivo, André e os guias espirituais foram diretamente para a casa de Dona Amélia, numa cidade próxima a Campo Belo.

A primeira pessoa que André encontrou ao chegar a casa da avó foi Bianca, sua irmã querida. Saber que ela estava lidando bem com aquelas mudanças, confortou seu coração. Jamais pensou que a caçula da família seria capaz de enfrentar tudo aquilo sem esmorecer, mantendo sempre o bom senso e até mesmo, o bom humor para alegrar a todos.

Demorou um pouquinho, mas logo Bianca sentiu algo de bom e pacífico no ar. Algo que confortou seu coração e a fez suspirar, tomada por uma súbita e inexplicável paz. De repente, ela se lembrou da canção que ela e André adoravam e costumavam ouvir sempre que possível. Então ela começou a cantar a melodia, num tom cada vez mais doce e afinado.

>Mesmo que o universo apague seus sóis
>Mesmo que voltemos a era do gelo
>Nada pode mais do que o nosso amor
>Esse amor que veio pra ficar
>Esse amor que veio pra marcar
>Esse amor que veio pra atravessar vidas, muitas vidas
>Ser eterno... Se perder por entre as estrelas do infinito.
>No êxtase mais bonito que o amor pode alcançar...
>Em Vênus ou em Marte
>Além muito além da morte
>O que o amor uniu a morte jamais separa
>O que o amor uniu o tempo jamais separa
>O que o amor uniu no tempo jamais se iguala

Com lágrimas nos olhos, Bianca Pascolato se recordou dos bons momentos que vivera ao lado de André e do quanto sentiria sua falta. Então, pelo canto do olho direito, ainda que embaciado pelas lágrimas, ela viu o espirito do irmão que a fez imediatamente dizer:
– André, meu irmão, é você?
Os olhos dele brilharam.
– Sim, maninha. Sou eu.
Bianca rapidamente se emocionou.
– Meu irmão... – ela tentava dizer mas a forte emoção pelo encontro deixou-a sem voz.
– Vim vê-la, Bianca. Ver você, a mamãe, o Vinícius e o papai. Quero que saibam que estou bem. Que fui muito bem acolhido no plano espiritual.
Bianca, em meio a lagrimas, declarou:
– Depois que você partiu, André, muita coisa aconteceu.
O jovem foi rápido na resposta:
– Eu sei maninha. Eu já sei de tudo.
– Sabe?
– Sim. E sendo você a mais forte da família, quero sua colaboração. Continue fazendo por todos o que já tem feito, pois sua força é de extrema importância nessa travessia árdua pela qual estamos passando.

– Eu, forte, André? Será?

– Sim, maninha. Você é muito forte.

Ela sorriu com ternura:

– De fato, tenho me impressionado comigo toda vez que me pego apoiando todos com palavras de compaixão e otimismo.

– Porque há forças dentro de nós que só descobrimos quando atravessamos períodos difíceis.

– Verdade, maninho. Verdade.

Novamente as lágrimas inundaram seus olhos, cobriram sua face e suspenderam temporariamente suas palavras. Nesse momento, André tocou o ombro da irmã, procurando lhe transmitir as bênçãos do Pai Celestial, juntamente com a imposição das mãos dos espíritos que o acompanhavam. Quando mais calma, Bianca confessou:

– André, sinto-me muito mais leve depois de saber que você está realmente bem. Não duvidei, por momento algum, que não estivesse, mas a certeza e a sua visita, agora, me tocam muito mais profundamente do que a suposição que tinha até então. Estou tão feliz por ter vindo me ver. Por ter se lembrado de mim.

– Como eu poderia esquecê-la, Bianca? Você é minha irmã adorada. Forte elo nos une para sempre.

– Um dia nos veremos novamente? Digo, conviveremos lado a lado mais uma vez?

– Sim, maninha. Porque elos familiares são eternos.

Novamente a jovem chorou e o irmão, carinhosamente, terminou sua visita a ela, dizendo:

– Fique bem, maninha. Eu te amo. Nunca se esqueça disso.

E soprando-lhe um beijo, ele se retirou do ambiente, indo ao encontro de outro membro de sua família. Cristina foi a próxima a sentir sua presença. Ela estava em seu quarto, descansando um pouco, quando as cortinas se moveram como se uma brisa suave tivesse passado por ali.

Olhando fixamente para a janela entreaberta, com a claridade da tarde invadindo timidamente o ambiente, ela sentiu forte calor envolver seu físico. Rapidamente ela se sentou na cama, tocou a região do seu coração e fechou os olhos. O calor se propagou.

– Mamãe – chamou André que teve de ser amparado pelos amigos espirituais devido à forte emoção que sentiu ao reencontrar aquela que se tornara sua mãe naquela existência.

Cristina reagiu. Abriu os olhos e focou novamente as cortinas.

– Mamãe – tornou André com voz embargada. – A senhora pode me ouvir?

Cristina sentiu o corpo estremecer, mas não fora o corpo, fora a alma.

– Vim vê-la, mamãe. Há muito que desejava, para lhe dizer que estou bem, que não se martirize mais pelo que me aconteceu. Fui bem amparado no plano espiritual e continuo sendo na colônia que hoje habito. Queria muito que a senhora soubesse disso para que não mais...

Cristina falou, interrompendo suas palavras:

– André, meu filho. Será que você pode me ouvir?

O jovem reagiu no mesmo instante:

– Estou aqui, mamãe. É claro que eu posso. Diga.

Mas ela não podia ouvi-lo, os remédios que passara a tomar para suportar a difícil travessia limitavam sua sensibilidade extrassensorial. Ela sentia uma quentura estranha a envolver todo seu corpo, mas não podia relacioná-la à presença do espírito do filho.

– André – continuou Cristina, querendo muito que o filho pudesse ouvi-la, do outro lado da vida. – Você faz uma falta, meu querido. Penso em você a todo instante, a todo momento, e confesso a você que, por muitas vezes, desejo morrer, porque minha vida sem você, meu filho, é um vazio imenso, uma tristeza sem fim.

– Não diga isso, mamãe. A senhora ainda tem a Bianca e o Vinicius. Eles ainda precisam muito da senhora.

Foi como se Cristina tivesse ouvido suas palavras:

– Só não perco de vez a vontade de viver, meu filho, porque tenho seus irmãos para cuidar.

André concordou prontamente:

– É isso mesmo, mamãe. A senhora ainda tem a Bianca e o Vinicius. E mais, a senhora ainda tem sua mãe ao seu lado. A senhora também precisa pensar nela, pois sendo sua mãe, ela sofreria muito ao vê-la perdendo o interesse pela vida, abandonando de vez o entusiasmo de viver. Além de quê, a vovó vai precisar muito da senhora na velhice. Por esses e outros motivos a senhora deve se desapegar de qualquer desinteresse pela vida. Lembre-se disso, por favor.

Foi então que a cortina ondulante pela brisa bateu no vaso de madeira que havia sobre a cômoda e ele foi ao chão, provocando um leve estardalhaço. A queda assustou Cristina que rapidamente ficou mais sensível ao ambiente.

– Acalme-se, mamãe. Foi apenas o vaso – acudiu André rapidamente.

– Sim – respondeu Cristina sem se dar conta exatamente do que ouvira. – Foi apenas o vaso.

Os olhos dela marejaram quando subitamente ela sentiu o perfume do filho invadir o quarto.

— Meu Deus... — murmurou. — É o cheiro dele. O perfume que ela sempre usava.

— Estou aqui, mãe. Que pena que não possa me ver. Mas estou aqui, por você.

Apanhando uma foto do filho, de dentro da gaveta do criado-mudo, Cristina admirou a imagem do rapaz, beijando-a a seguir, como se ele estivesse ainda encarnado.

— Amo você, filho. Vou sempre amá-lo.

André se aproximou de Cristina e beijou-a na testa, desejando-lhe paz e compreensão constantes.

A seguir, foi ver o irmão, trancafiado em seu quarto. Ao encontrá-lo, pálido e deprimido, André se sentiu arrasado.

— Pobre Vinícius... — comentou. — Vê-lo nesse estado me deprime. Ele foi sempre tão animado com a vida, tão esportista. É pelo que me aconteceu que ele está assim? Ou há outro motivo para ele ter ficado nessa condição?

O espírito que o acompanhava explicou:

— Ele sabe do que seu pai fez no passado e, assim como muitos, acredita que sua morte, André, tenha sido um castigo que seu pai recebeu por ter assassinado um semelhante.

— Minha avó e meu avô também pensam assim.

— Sim. Seu irmão acredita que o mesmo que aconteceu a você, acontecerá a ele. Desde então, vive uma profunda síndrome do pânico. Está recebendo tratamento espiritual a distância, pois nem ao centro mais próximo ele consegue ir, com medo de morrer.

— Pobre Vinícius. Ele deve estar sofrendo um bocado. A mamãe e o papai tanto quanto, por vê-lo nessa situação.

— Sem dúvida.

— Será que posso ajudá-lo?

— Não custa tentar, André.

— Você tem razão, não custa.

André deu um passo à frente e parou:

— Caso ele me veja, poderá se assustar, não?

— É um risco que terá de correr. Vá com fé de que ele será abençoado por sua visita.

— Sim.

E enchendo a alma de coragem, André se aproximou do irmão, deitado na cama, coberto por um edredom dos pés à cabeça. Em seguida, ele impôs as mãos sobre o adolescente, como se estivesse dando em Vinícius um passe, e desejou-lhe as bênçãos de Cristo.

Um minuto depois, Vinícius abriu os olhos e afastou o edredom do pescoço. Um súbito e diferente calor percorria seu corpo naquele instante. Um calor que só o amor fraterno e cristão pode despertar num semelhante.

André permaneceu onde estava, impondo as mãos, beneficiando Vinicius com as maravilhas de um passe.

Vinicius sentiu ainda mais calor, o que o fez afastar o edredom até a cintura.

Então, André ousou chamá-lo, porque queria ser ouvido por ele, apenas para que trocassem pelo menos algumas palavras.

– Estou aqui, maninho. Vim te ver.

Imediatamente o rapaz reagiu. Seus olhos abriram-se um pouco mais, o rosto se iluminou, novas ondas de calor percorriam todo o seu corpo. Ao avistar a foto dele com André, no porta-retratos em cima da escrivaninha, a expressão no rosto de Vinicius se alterou ainda mais.

– Queria muito te ver, maninho. Estava com saudades.

Vinicius também estava louco de saudades do irmão e foi isso, mais o amor imenso que sentia por ele, que o permitiu ampliar seus sentidos naquele momento e ver André, em espirito, brilhando em seu quarto.

– André... – balbuciou o adolescente. – É mesmo você, André?

– Sim, meu irmão, eu mesmo.

– Mas você...

– A morte não é o fim, Vinicius. Apenas uma travessia. Quero que saiba que estou bem, que vou seguir em frente da mesma forma que você deve retomar a sua vida de antes.

– Tenho medo, André. Muito medo de morrer.

– Escuta, Vinícius. Por favor me escute. Não posso lhe garantir que nada de mal irá lhe acontecer, mas viver trancado nesse quarto, também não significa que estará protegido. A casa pode se incendiar, cair sobre a sua cabeça, além do quê, você acabará doente longe do sol, longe dos esportes que tanto gosta, até mesmo longe dos amigos que realmente lhe querem bem. Então, meu irmão, reaja! Há uma vida lá fora te esperando. Há vontades dentro de você, querendo se realizar! Não perca essa oportunidade. Ainda que a vida seja cheia de desafios, vale a pena! Ainda que seja eterna, deixar de viver o agora é comprometer negativamente uma próxima existência.

André então recordou o passado:

– Quantas e quantas partidas de futebol não jogamos juntos, hein, meu irmão? Você de goleiro, porque sempre preferiu ser um e eu de atacante. Era muito bom. Muito bom!

A expressão do rosto de Vinícius mudou novamente.

– E quando acompanhamos a última Copa do Mundo? E vibramos juntos com os gols da seleção brasileira? Foi demais! Sensacional, não foi?

Os olhos do adolescente lacrimejaram.

– Quero vê-lo novamente fazendo tudo isso, Vinícius. E toda vez que jogar futebol ou assistir a uma partida, lembre-se de mim. Só de lembrar, poderei reviver também as boas sensações. O seu bem me fará bem, mesmo que eu não viva mais no mesmo plano que você. Um dia, a gente vai se reencontrar e, lado a lado, então, viveremos novamente grandes emoções. Pode crer!

As palavras atingiram Vinicius novamente em cheio. Junto delas, a energia emanada pelos espíritos que protegiam o rapaz surtiram efeito.

O jovem respirou fundo e se levantou, como que guiado por uma força além do físico, além da alma. Ligou o chuveiro, despiu-se e tomou um banho com vontade. Também se enxugou e se vestiu com entusiasmo. Estava renovado. Quando a mãe o viu, de cabelos penteados, exalando perfume, chegando à sala, emocionou-se:

– Vinícius, meu filho! – Cristina o abraçou. – Não sabe o quanto me alegra vê-lo assim.

Bianca se aproximou e também elogiou o irmão. Ambos também se abraçaram.

– O André, mãe – falou o jovem finalmente. – O André veio me ver. Eu o vi, mãe, e ele falou comigo.

Bianca também disse:

– Eu também o vi, mamãe. E ele me disse que está bem, que era muito importante que todos nós soubéssemos que ele está bem.

– Então... – murmurou Cristina com lágrimas nos olhos.

– O que foi, mamãe?

– Senti o perfume dele no meu quarto há pouco. E um calor forte envolvendo meu corpo. Vocês acham que poderia ser seu irmão...

– Sim, mamãe – confirmou Bianca prontamente. – Porque ele me disse que veio para rever todos.

Cristina engoliu em seco e rapidamente abraçou a filha e o filho, apoiando-se no amor e no calor humano dos dois.

André assistia a tudo com forte emoção. Ver a mãe novamente feliz com o filho reagindo, foi a melhor coisa que poderia ter lhe acontecido. Saber que sua família poderia se acertar, depois do período difícil pelo qual passaram, era sem dúvida, reconfortante.

– Você está bem? – perguntou o espírito que acompanhara André na sua missão.

– Sim, sim... Apenas emocionado.

– É compreensível.

– Eu sei.

E novamente os olhos do rapaz se embaçaram, devido a forte emoção do momento. Breve silêncio e André falou:

– Agora só falta ele. Meu pai.

De algum modo, André sabia que o reencontro com Valdecir seria, de todos os reencontros, o mais impactante.

– Vamos?

– Vamos.

E André olhou mais uma vez com ternura para a mãe e os irmãos. Eles pareciam estar novamente em paz com a vida.

Capítulo 20

Encontrar o pai solitário na casa que um dia abrigara sua família, a que André pensou ser a mais perfeita do mundo, deixou-o muito triste.

Movido pelo momento mágico e emocionante do reencontro, André não se ateve ao que poderia dizer para o pai, tampouco o que sua chegada poderia lhe causar. Ele simplesmente foi até Valdecir, pousou a mão em seu ombro e disse:

– Pai, sou eu, André.

Valdecir reagiu no mesmo instante. Ergueu a cabeça, enquanto seus olhos se dilataram e brilharam, como acontecia, toda vez que voltava para casa e revia o filho adorado.

– André – murmurou. – É mesmo você, filho?

– Sim, papai. Vim te ver.

O mágico e misterioso calor que surgia, toda vez que havia uma conexão entre os espíritos que se amavam, ascendeu no peito de Valdecir, contagiando-o por inteiro. A mesma sensação de felicidade que sentira ao ver o filho nascer e depois, quando ele foi posto em seus braços pela primeira vez.

– Papai... – tornou André muito emocionado.

Valdecir não conseguiu responder, o pranto não lhe permitiu. Por um minuto escondeu o rosto por entre as mãos, tamanha vergonha que sentia do filho desencarnado.

– Papai... – tornou André carinhosamente.

Valdecir interpelou suas palavras:

– Fiz algo desumano no passado, André. Algo de que me envergonho até hoje.

– Já sei de tudo, papai.

– Sabe? Como pode saber?

– É uma longa história.

– E mesmo assim vem me ver?

– Porque você foi meu pai. Há um elo familiar e espiritual que nos une.
– Mesmo eu sendo um assassino?
– Ainda assim, você é meu pai.
Valdecir novamente precisou de um minuto para se recompor.
– Eu perdi tudo, André. Perdi tudo, filho.
– Não diga isso...
– É verdade. Perdi sua mãe, seu irmão, sua irmã e você. Bianca é a única que se importa comigo, que liga para mim. Mas em seus olhos, não existe mais a admiração que antes sentia por mim. Vejo apenas um olhar de pena, pena de mim.
– Porque ela se preocupa com você.
– Será?
– Ela ainda o ama, papai. O Vinícius também. A mamãe, eu, todos que sempre estiveram ao seu lado.
– Não mais, André. As pessoas que cruzam o meu caminho nas ruas, muitas fingem não me ver, as poucas que me cumprimentam, seguem pensando: "Lá vai um assassino que conseguiu driblar a justiça. Lá vai um indivíduo que deveria estar na prisão. Lá vai um sujeito que só porque tinha dinheiro, comprou sua liberdade". É isso o que eles pensam, é isso o que eles comentam nas minhas costas, pode ter certeza. Antes havia a suspeita de que eu havia assassinado o velho Belmiro Carvalho, agora há a certeza e com ela, ninguém mais consegue me encarar como antes. Nem eu a eles. Seus olhos julgamentosos me ferem mais do que punhais.
– Papai... – André tentou ajudá-lo com novas palavras, mas Valdecir não lhe deu chance. Em tom de desabafo prosseguiu:
– Pedi perdão a sua mãe e aos seus irmãos, mas nenhum deles foi capaz de me encarar nos olhos e dizer com todas as letras: "Valdecir, eu te perdoo". Nenhum foi capaz. Nenhum.
Ele baixou a cabeça e completou:
– Sequer seu avô pôde fazer o mesmo por mim no passado, André. Nunca mais me permitiu tocar no assunto, decidiu passar uma borracha, como se o que fiz pudesse ser realmente apagado. Dizia-me que todos cometem seus erros, seus deslizes. Quem nunca pecou que atire a primeira pedra. Mas no fundo dos seus olhos, eu podia ver o quanto ele se ressentia do que fiz. Nunca soube exatamente se era pelo ato em si, ou pela fazenda que ele teve de dar em troca do silêncio que não me levou à prisão. Nunca soube.
– Papai...
Ele pendeu a cabeça para baixo, enquanto nova torrente de lágrimas rolaram por sua face contraída de dor e desgosto.

— Papai — insistiu André carinhosamente. — Você ainda tem a mim, papai. Poderá contar comigo, sempre que precisar.

— Tenho mesmo, André? Você não me odeia como os outros?

— Não, papai. Eu ainda o amo...

— Mesmo que eu tenha sido um canalha? Mesmo que eu seja um assassino?

— Ainda assim, você tem a mim, papai. Sempre.

Valdecir chorou ainda mais.

Posicionando de frente para ele, André, com a ajuda dos espíritos que o acompanhavam, aplicou-lhe um passe. Um passe capaz de abrandar o caos emocional que amargurava Valdecir Pascolato, desde que seu passado dantesco viera à tona.

Ao sentir Valdecir com o coração menos oprimido, mais leve, André falou:

— Agora sim, papai. Você está melhor.

— Sim, filho. Sua vinda me fez muito bem. Obrigado.

Ambos ficaram se admirando, olhos nos olhos, sem necessidade alguma de dizer mais nada. Foi assim, por quase cinco minutos.

— Papai — falou André rompendo o silêncio. — Preciso ir. Mas estarei sempre acompanhando seus passos.

Valdecir mordeu os lábios e espremeu os olhos para não chorar novamente. Assentiu, fazendo grande esforço para não desmoronar na frente do filho.

— Só mais uma coisa, papai.

A vibração na voz do filho fez Valdecir olhar ainda mais atentamente para ele. Mirando fundo os olhos no pai, André falou, pausadamente e com grande emoção:

— Eu o perdoo, papai. Eu o perdoo.

Pelos olhos do filho, Valdecir sabia que André estava sendo sincero.

— Mereço mesmo o seu perdão, André?

— Todos merecem, papai. Porque Deus é misericordioso.

Novamente as palavras do rapaz atingiram Valdecir em cheio.

— Obrigado, filho — disse ele a seguir. — Obrigado por ter vindo, pelas palavras que me disse, por ainda se importar comigo. Pelo seu perdão e compaixão.

André assentiu.

E foi assim que terminou mais um encontro emocionante entre André e um ente querido.

Capítulo 21

Restava agora visitar Lucimar. Seria também um reencontro importante para os dois. Rever a jovem que tanto amara, desde o início da adolescência, seria outro grande desafio para André na sua visita ao plano terrestre.

Encontrá-la deprimida, largada num canto da casa, cheia de revolta pelo que tinha acontecido ao namorado, partiu-lhe o coração.

Só de se aproximar dela, ele podia sentir o que se passava em seu interior. Um misto de revolta, dor, ódio e rancor. O ódio maior se dava por Valdecir, a quem ela culpava por toda desgraça que se abatera sobre o namorado.

André tentou se comunicar com a jovem, mas sem efeito.

– Por que ela não me ouve? – questionou ele a um dos espíritos que o acompanhava.

– Porque o ódio, o rancor e a revolta não a permitem escutá-lo.

– Ela também não pode me ver? Nem sentir minha presença?

– Não, no estado em que se encontra.

– Pobrezinha. Quero muito ajudá-la. Ela precisa saber que estou bem.

– Entendo você, André. Mas entenda também que isso depende dela. Totalmente dela.

– Poxa. Estou chateado. Queria tanto vê-la bem.

– Nem tudo é possível, André. Mas há uma forma de você se comunicar com Lucimar. Quando todo o ódio, rancor e revolta dela estiverem adormecidos.

– O que significa...

– Bem, quando ela estiver dormindo, você poderá encontrar seu perispírito, pois ele se desmembra do físico quando este dorme.

André se alegrou novamente:

– Que seja assim. Não ficarei sossegado enquanto não souber que Lucimar está bem. Que pude fazer algo para ela melhorar.

— Está bem.

E foi pelo mundo dos sonhos, que Lucimar pode finalmente reencontrar André como ela tanto queria e ele também almejava. Ela caminhava junto a um rio luminescente, cheio de matizes, quando uma súbita rajada de vento desmanchou seus cabelos, fazendo-os dançar ao redor da cabeça. Ao tentar ajeitá-los, a voz de André soou atrás de si:

— Deixe-os assim, está tão bonita.

Ela rapidamente se voltou para trás:

— Você acha?

Ele deu um passo em sua direção, mirando fundos seus olhos lindos e disse, exibindo um daqueles seus sorrisos de fazê-la perder o fôlego.

— Sim.

Ela retribuiu o sorriso, sentindo o coração disparar no peito. Então, sua expressão mudou. A alegria e ternura que explodia em seus olhos, transformou-se em pura perplexidade.

— Você... — murmurou Lucimar com o ritmo da respiração alterado, como se tivesse feito grande esforço físico. — Você está morto, André. Morto. Eu vi, todos viram...

Ele tocou seus cabelos, como se tocasse a coisa mais preciosa e linda do universo.

— Estou mesmo, Lucimar?

Ela ousou tocar sua face, e era verdadeira, não uma miragem, não uma ilusão.

— Não sou uma ilusão, nem uma miragem. Sou eu mesmo, meu amor. O André que você conheceu, o André que a amava....

— Mas...

— Acredite em mim. Estou aqui por você. Porque a amo muito. Vou sempre amá-la. Queria que soubesse disso. Não tive tempo de lhe dizer antes de partir. Quero que saiba, que tenha noção absoluta do quão importante você foi na minha vida e será num futuro próximo.

— André, meu amor...

— Quando o amor se declara, nem a morte separa... Lembra?

— Lembro. Lembro, sim!

Ele a tomou nos braços e a beijou.

— André, eu o amo tanto – declarou a jovem assim que o beijo se desfez.

Mirando bem seus olhos, André voltou a falar com suavidade e objetividade:

— Lucimar, meu amor, você precisa seguir em frente. O nosso amor, por enquanto, terá de esperar por uma nova oportunidade da vida para ser vivido plenamente. A vida é assim, fazemos planos e muitos deles precisam ser revistos ao longo do caminho. Não quer dizer que não devemos fazer planos, mas precisamos estar preparados para mudanças leves ou radicais, ao longo do percurso.

Tocando-lhe novamente a face cheia de lágrimas, ele completou:

– Eu te amo, Lucimar, sempre vou te amar. Sei também que me ama e que sempre vai me amar. Mas esse amor não deve impedi-la de viver o que lhe cabe, tampouco de ter os filhos que sonha ter. Vou estar sempre de olho em você, e até onde possível, colaborando pelo seu melhor.

– Suas palavras, André. Elas provam para mim que você é mesmo um espírito evoluído. Sempre senti isso desde que o conheci. E com o convívio, confirmei o que intuía.

– Você também é uma alma evoluída, Lucimar, expandindo cada vez mais sua consciência.

– Talvez...

– Pode crer.

Ela sentiu seu calor.

– A sua morte, André, não foi por um lapso seu na direção, foi porque seu pai...

Ele a calou, pousando delicadamente o dedo em seus lábios.

– Eu já sei de tudo, meu amor. Mesmo assim, não vi motivos para odiar meu pai. Afinal, ele é meu pai. Entenda isso. Entenda também que todos cometem erros, uns mais graves do que os outros, mas sempre cometem erros.

– Não consigo deixar de odiá-lo, André, eu sinto muito.

– Tente encontrar o perdão em seu coração, meu amor. Fará mais bem para você do que propriamente para ele.

– Não prometo.

– Tá bem. Tudo a seu tempo. Cada um tem seu tempo.

Ela suspirou e ele então sorriu, cheio de ternura e amor. Os lábios dela então se aproximaram dos dele, trêmulos de emoção e o beijaram como se aquele beijo pudesse fazê-los recuar no tempo, na época em que a vida os uniu. Pudesse fazer bem mais do que isso. Mudasse o rumo de suas vidas, impedindo que fossem separados pela morte.

Com os olhos turvos pelas lágrimas, enquanto sua mão acariciava-lhe suavemente os cabelos, Lucimar confessou:

– Você foi o melhor que aconteceu na minha vida. Seu jeito inocente, de menino, descobrindo e revelando o amor para mim, foi maravilhoso. Onde quer que eu vá, levarei para sempre comigo a lembrança dos seus olhos brilhando ao me ver, da alegria que sempre sentia quando estávamos juntos...

Nesse instante, André não mais se conteve, lágrimas também transbordaram de seus olhos, era emoção demais para segurar. Os dois novamente se abraçaram e ficaram assim por um longo tempo. Sob suas cabeças, estrelas brilhavam e rente aos pés, o rio fosforescente seguia seu curso. Quando despertaram daquele momento tão mágico, Lucimar novamente declarou seu amor pelo rapaz:

– Amo você, André. Amo muito – ela estava quase sem voz tamanha a emoção.

– Eu também.

– Não me deixe só.

– Você jamais estará só, Lucimar.

– Sem você, nada mais será como antes.

– Meu amor, muita coisa ainda está por vir, você verá. Hoje, sua vida pode parecer totalmente sem sentido, mas nada como um dia após o outro para você se reerguer e descobrir as muitas razões que a mantêm no plano terrestre.

– E você, André? O que será de você, meu amor?

– A morte não é uma escuridão, tampouco uma desolação. Da mesma forma que meus pais, avós e outros mais estiveram na Terra para apoiar meu nascimento, outros estão aqui para me apoiar nessa nova etapa de minha existência. Ninguém nunca fica só, Lucimar. Deus nunca nos deixa sós.

Com lágrimas nos olhos ele a beijou, um beijo de adeus, um que nunca mais se apagaria da memória de seu coração.

No dia seguinte, logo pela manhã, a mãe de Lucimar encontrou a filha na cozinha, com o café da manhã já preparado sobre a mesa.

– Lucimar, meu anjo. Madrugou?

– Mãe!

A jovem abraçou a mulher com grande entusiasmo.

– Filha... Está tudo bem?!

– Sim – respondeu a garota, abraçando ainda mais forte sua progenitora.

Quando o abraço se desfez, a mãe tomou um minuto para admirar o rosto da jovem. Ao vê-lo cheio de cor novamente, a mulher se alegrou.

– O que houve, Lucimar? Sinto que quer me dizer alguma coisa. O que é, filha?

Com muito tato, Lucimar explicou:

– Ele veio, mãe. Ele veio me ver! – a voz dela falhou por um momento. – Foi lindo. Emocionante. Verdadeiro....

A mulher abriu um pouco mais os olhos.

– Ele? Ele, quem, Lucimar?

– O André.

O rosto da mãe mais uma vez se transformou. Ela pensou em contestar o fato, mas não, preferiu ouvir o que a filha tinha a dizer sem julgá-la.

Lucimar carinhosamente puxou a mãe pelo braço e a fez se sentar na cadeira em torno da mesa.

– Sou toda ouvidos, filha. Fale.

Lucimar suspirou:

– Era ele sim, mãe! Sei bem que era ele, pois só ele poderia ter me dito tudo o que disse.

– Você estava dormindo?

– Sim, mãe.

– Pode ter sido um sonho, então?

– Foi muito real para ter sido apenas um sonho, mamãe. Senti quando ele me tocou e também quando me beijou. Eram mesmo seus lábios. Eu jamais me confundiria.

Ela parou, olhou bem para a mãe e foi sincera:

– O André está vivo, mãe. Seu espírito realmente sobreviveu à morte do corpo.

– Isso é maravilhoso, filha. Maravilhoso!

Ela abraçou a mãe, enquanto novamente sorria, contente.

– E o que ele disse a você, Lucimar? Posso saber? Foi algo importante?

– Sim. Muito importante.

E a jovem, com lágrimas nos olhos, explicou nas suas próprias palavras, o que André havia lhe dito.

"Lucimar, meu amor, você precisa seguir em frente. O nosso amor, por enquanto, terá de esperar por uma nova oportunidade da vida para ser vivido plenamente. A vida é assim, fazemos planos e muitos deles precisam ser revistos ao longo do caminho. Não quer dizer que não devemos fazer planos, mas precisamos estar preparados para mudanças leves ou radicais ao longo do percurso."

A mãe da jovem, também muito emocionada, respondeu:

– Ele está certo, Lucimar. O André está certíssimo.

– Sim, mãe. Na verdade, todos que perdem um ente querido deveriam pensar dessa forma, pois a vida continua, tanto aqui, como do outro lado.

A mulher não se conteve, começou a chorar. Dessa vez, foi Lucimar quem a consolou, invertendo os papéis entre mãe e filha.

– Vamos tomar o café da manhã, mamãe. Preparei tudo. Acho que vai gostar.

A mulher sorriu, enxugou as lágrimas e encheu de café a sua xicara.

Ao regressar para Nosso Lar, André relatou para seus avós, quão emocionante fora rever sua família. Ambos também ficaram emocionados.

Capítulo 22

Assim que chegou a Campo Belo, Bruno seguiu direto para a casa de Valdecir Pascolato. A empregada o atendeu e, meio minuto depois, convidou-o a entrar.
Diante do dono da casa, Bruno mais uma vez enfrentou seu destino:
– Vim lhe devolver o que é seu de direito.
Valdecir arqueou as sobrancelhas.
– Estou falando da fazenda que foi entregue a meu pai em troca de silêncio. Só poderei lhe devolver a metade, pois a outra agora pertence à minha mãe, depois da morte do meu pai. Ela não acha justo devolvê--la, porque segundo ela, foi meu pai quem fez aquelas terras se tornarem produtivas.
– Ela está certa. Aquilo era um matagal só. Meu pai não teve tempo de fazer melhorias, quem fez tudo foi realmente o seu pai. É mérito dele.
– Mesmo assim, quero devolver a minha parte.
– Eu falei tudo aquilo para você porque estava nervoso. Como vê, não tenho mais ninguém morando comigo. Sou um solitário, cheio de culpa e remorso. Mas uma coisa eu lhe digo, rapaz, se eu pudesse voltar no tempo e reverter a burrada que cometi naquela noite, eu faria. Não por mim, não pelo peso na consciência que carrego há anos, mas para preservar aqueles que amo ao meu lado e jamais ter feito a sua família sofrer, como sofreu com a morte do seu avô.
– Mesmo assim...
– Eu sei, você quer desfazer o trato. Mas na verdade, aquilo não foi um trato, meu pai mesmo disse que seria uma forma de compensar a burrada que fiz. Foram essas as suas palavras e penso que ele realmente acreditou que aquilo poderia mesmo recompensar, de algum modo, minha estupidez. Portanto, rapaz, encare a fazenda como um presente, não como um acordo sórdido.
Bruno descordou:

– Foi um acordo sim, para manter você longe da prisão.
– Não estarei mais longe dela, meu jovem.
– O que quer dizer com isso?
– Estou indo para a delegacia agora. Vou me entregar.
– Duvido.
– Se dúvida, acompanhe-me.

Estaria ele realmente falando a verdade?, indagou-se Bruno Carvalho, surpreso com o rumo que o encontro dos dois novamente tomou.

Meia hora depois, os dois chegavam a delegacia. Bruno ainda se mantinha descrente de que o sujeito fosse realmente se entregar. Assim que seu advogado chegou, Valdecir se apresentou ao delegado:

– Bom dia.
– Bom dia – devolveu o delegado.
– Sou Valdecir Pascolato e vim me entregar pelo assassinato de Belmiro Carvalho cometido ocorrido em 9 de junho de 1992, nesta cidade.

Todos ali se chocaram diante do depoimento, Bruno especialmente, pois jamais pensou que o sujeito realmente teria coragem de fazer aquilo.

Ao voltar para sua cidade, Damaris aguardava ansiosamente pelo filho:
– Como foi lá, Bruno?

O rapaz, olhos vermelhos devido às fortes emoções recentes, respondeu:
– Ele se entregou à polícia.
– Ele se entregou?!
– Sim.
– Mal posso acreditar.
– Só acreditei porque o acompanhei até a delegacia. Vi com meus próprios olhos. Ouvi com os meus próprios ouvidos.

Damaris suspirou com certo alívio.
– A justiça que você tanto queria, filho. Está feita.
– Sim, está.
– E quanto à fazenda?
– Ele não a quis. Disse-me que...

Bruno resumiu as palavras de Valdecir.
– Eu te disse, filho.
– Mesmo assim...
– Ah, não Bruno. Chega de drama.
– Eu só sossegaria, minha mãe, se soubesse realmente o que o vovô achou de tudo isso, se ele encontrou o papai no plano espiritual, e o perdoou.
– Dona Luísa talvez possa ajudá-lo nessa questão, Bruno.

– Talvez.

Damaris foi até o filho, segurou carinhosamente seu queixo e disse, mirando fundo seus lindos olhos castanhos.

– A justiça, muitas vezes tarda, mas não falha, filho.

O rapaz engoliu em seco.

– A vida dele virou de ponta cabeça, mãe. A esposa e os filhos se mudaram para outra cidade. Ele realmente está só.

– E isso o satisfaz, Bruno?

O rapaz novamente sentiu um aperto na garganta.

– Ele está certo quando diz, que seria bem melhor, para todos nós, se pudesse voltar no tempo e não cometer aquela burrada.

– Mas não há como voltar no tempo, Bruno. Por isso que Chico Xavier nos disse, certa vez, algo do tipo: não podemos refazer o passado, mas o presente, sim. Acho que ele tem toda razão. É uma das frases mais oportunas para todos diante dos altos e baixos da vida.

Bruno não mais se aguentou, abraçou a mãe e chorou com ela as fortes emoções que transformaram suas vidas.

Capítulo 23

Na noite seguinte, diante de Dona Luísa, Bruno relatou os últimos acontecimentos envolvendo a sua vida. A médium, com muita propriedade, lhe disse:

– Você conhece um bocado sobre as leis que regem a vida no universo, não é mesmo, André? Então, eu lhe pergunto: será que o que Jardel recebeu do pai do assassino de seu avô, e deixou para você, não foi na verdade um mérito seu adquirido noutra vida? Ainda que tenha ido parar nas suas mãos de forma inusitada?

– A senhora quer dizer...

– Muitos são os meios que o universo encontra para nos dar aquilo que no fundo merecemos receber, por méritos adquiridos em vidas passadas ou, simplesmente, porque em nossas mãos serão melhor administradas.

– Melhor administradas?

– Sim. Pense nisso.

Naquele instante, André relembrou as palavras que o caseiro da fazenda lhe disse:

"Seu pai era um homê bão. Todo mundo aqui gostava dele. Todo mundo aqui e na cidade. Seu pai foi sempre um bão patrão pra todos nóis. O antigo, esse num era flor que se cheire com os empregado. O pessoar só trabaiava pra ele, porque realmente precisava de emprego; senão... Vô te dar um conselho, Bruno: põe tua cabeça no lugar. Antes de tomá quarqué decisão, pensa bem pra num ser injusto c'ocê, com nóis e, especialmente com seu pai que transformou essas terra, em terra realmente produtiva e digna de se trabaiá. Lembra disso, fio. Num esquece".

Emergindo de suas lembranças, Bruno perguntou:

– A senhora acha, então...

– Bruno, meu querido. Quem acha, não acha nada. Ou se tem certeza ou não.

– A senhora tem razão.

– Espero tê-lo ajudado.

Bruno assentiu, agradecido.

A noite terminou com o rapaz refletindo mais uma vez sobre as palavras da médium. Seria mesmo a fazenda uma herança por um mérito de outra vida? Ah, como ele gostaria de ter certeza sobre aquilo.

No dia seguinte, ao chegar na fazenda em que seu pai trabalhara com grande empenho para transformá-la em terras produtivas, Bruno Carvalho refletiu mais uma vez sobre o que Dona Luísa havia lhe dito. Voltando então os olhos para o céu, onde o sol derramava seus raios luminosos, Bruno dialogou com Deus:

– Se o Senhor pudesse me responder! Se pudesse me mostrar a verdade. Quem sabe assim, acalantaria meu coração diante de tão grande dúvida. Faria eu aceitar tudo isso sem culpa ou remorso.

Bruno ouviu então a voz do velho empregado da fazenda chamando por ele:

– Fio...

– Olá, Chico. Eu estava aqui falando com Deus. Que bobagem a minha, não é? Afinal, Ele nunca responde nada pra ninguém.

– Num diz isso, fio. Deus responde sim. Nóis é que num sabe ouvi.

– Você acha mesmo?

– É craro.

Breve pausa e Bruno falou:

– Meu pai foi um herói para mim até eu descobrir do que ele tinha sido capaz de fazer para se acertar na vida.

– E só por isso ele deixo de ser um herói pr'ocê?

– Sim. Porque achei que ela perfeito.

– Ele foi perfeito na medida do possíve, fio. Ninguém é perfeito totalmente. Nem ocê.

A última frase atingiu Bruno em cheio:

– Num é verdade? Ocê também num é perfeito. Eu num sô, ninguém é.

Bruno achou graça.

– É verdade, sim.

– Então.

Nova pausa e o sujeito falou:

– Sabe duma coisa, Bruno? Só existe um pai perfeito para todos nóis. Um verdadeiro pai herói. Esse pai é Deus. Porque Ele nos criô, Ele mantém o sol que dá vida a tudo nesse praneta. Nos fez capaz de planta e colher, cozinhar, amar. Deus é o nosso verdadeiro pai herói. E essa fazenda, como todas as demais, são Dele. Porque tudo na Terra é Dele. Nóis só administra.

E por um certo período, depois, passa pras mão de outro e outro e assim por diante. Deus empresta pra nóis, não é dado eternamente. Por isso que dizem que tudo vem de Deus, tudo termina em Deus. Acredito nisso, fio. Acredito muito.

– Gostei do que disse, Chico. Você tem razão.

– Então, fio, não se esqueça. Essas terras são de Deus, ocê apenas cuida por um tempo. Deus é o seu verdadeiro pai. O pai herói que ocê tanto fala.

– Sim, Chico. O meu pai herói.

– Ocê deve respeito pra ele, trabaia pra ele. Da mesma forma que seu pai trabaiou e seu avô também em nome de Deus.

Bruno agora continha lágrima nos olhos.

– E tem mais, fio. Ocê pode ter certeza, que apesar dos pesar, Deus ficô muito mais feliz com essas terra nas mão do seu pai do que na do antigo proprietário. Ocê pode ter certeza disso. Porque seu pai, apesar de num ser perfeito como ocê pensava, foi um ótimo administrador e patrão. Ajudô muito pobre e deu emprego pra muita gente também. É disso que Deus gosta, é isso que Deus quer dos seus fio. Por isso te digo, Bruno. Seu pai pode não ser o herói que ocê tanto sonhô, mas para Deus e por Deus ele fez muito. Acredite.

E Bruno não mais conseguiu se conter diante de tão sábias palavras, ditas por um sujeito tão simples. Simples por não ter estudo, simples por não ter vaidade ou grandes posses, mas grande, grandiosíssimo na alma que é realmente o maior bem que o ser humano pode levar além do tempo.

O que o velho Chico lhe dissera, mais as palavras muito sábias de Dona Luísa, fizeram finalmente Bruno reconhecer que ninguém mesmo é perfeito, nem ele, só Deus. E recordar-se de que até mesmo os grandes heróis das fábulas, contos, romances, filmes e novelas têm suas fraquezas, porque forte mesmo só Deus, o verdadeiro Pai Herói de todos nós.

Ao encontrar Priscila naquela noite, Bruno repetiu para ela, com suas próprias palavras, o que o velho Chico havia lhe dito. Então, a jovem lhe fez a pergunta que há muito ansiava fazer:

– Acho que agora, meu amor, você está finalmente pronto.

O comentário dela o surpreendeu:

– Pronto?!

– Sim. Para entrar em contato com seu pai no plano espiritual, pois creio que ele há muito almeja isso. Se tentou entrar em contato com você, talvez não tenha conseguido, porque você não o queria por perto, por nada, tamanha a sua revolta. Mas agora...

– Você acha que ele gostaria de falar comigo?

– Creio que sim. Mas penso também que, talvez, ele não tenha feito por medo de ser mal recebido por você ou por vergonha do que tinha feito. A reconciliação de vocês dois será benéfica para ambas as partes.

Bruno engoliu em seco. Priscila acrescentou:

– Minhas palavras o tocaram, não é mesmo? É porque certamente fazem sentido.

– Sim, meu amor. Você está certa.

A jovem amavelmente completou:

– Eu quero o seu melhor, Bruno. E somente se reconciliando com seu pai é que você obterá esse melhor. Pelo menos, é assim que eu penso.

Breve pausa e Bruno quis saber:

– Mas onde posso encontrá-lo? No cemitério?

– Não, meu querido. Lá resta apenas o físico que lhe pertenceu. Sua alma, seu espírito, vaga noutra dimensão.

– Então, onde posso encontrá-lo? Por meio de uma médium?

– Talvez. Mas eu lhe sugiro, a princípio, começar procurando-o em seu próprio coração.

E novamente a sugestão da noiva atingiu em cheio o coração do rapaz.

Capítulo 24

Ao voltar para casa, Bruno encontrou o local vazio. Damaris havia ido à residência de uma amiga, cumprimentá-la pelo aniversário. Ao ver-se cercado pelas paredes que guardavam tantas memórias felizes do que ele vivera ali com os pais, Bruno foi até a estante onde pegou os álbuns de fotografia para revê-los. A cada foto, uma emoção revivida. A cada página, registros de um pai que procurou fazer de tudo pelo filho, esposa e empregados. As lembranças fizeram Bruno chorar, mirar os olhos de Jardel na foto e dizer, emocionado:

– Pai... – silenciou-se quando o nó na garganta se apertou. – Pai... – tornou ele com voz embargada. – Se pudesse me ouvir. Se eu tivesse a chance de poder lhe falar novamente. Se Deus assim permitisse...

O mundo espiritual, sabendo o quanto era importante aquele momento para Jardel e Bruno, permitiu que o pai fosse ao encontro do filho.

Ao ver-se ali, na casa onde vivera por tantos anos, a poucos metros de onde Bruno estava sentado com um dos álbuns de fotografia sobre o colo, Jardel paralisou. A emoção do reencontro era forte demais.

– Filho... – murmurou ele com a voz por um fio. – Bruno...

Mas Bruno, de tão emocionado que estava, não ouviu ao chamado do pai. Continuou prestando atenção às fotos onde ele, ainda garoto, aparecia ao lado de Jardel, feliz por ter um filho como ele.

– Foram momentos tão marcantes... – comentou o rapaz, segundos depois. – Momentos que jamais me esquecerei, papai. Jamais!

Jardel agora ouvia, atento às palavras do filho.

Diante da foto com o pai, onde Bruno, por volta dos doze anos de idade segurava um peixe, o maior que já havia pescado em sua vida, Bruno riu.

– A pescaria, papai, era sempre tão divertida. Tudo na sua companhia era muito bom.

Jardel amou ouvir aquilo.

– Que pena, papai, que pena que tudo acabou.

Jardel deu um passo à frente e depois outro até ficar bem próximo do rapaz. Queria tocá-lo, abraçá-lo, beijá-lo, transmitir-lhe todo o seu afeto.

– Bruno, meu filho.... – disse ele, enfim, com voz mais firme. – Você pode me ouvir?

Todo o sentimento que emanava de seu espírito, alcançou o jovem, envolvendo-o por inteiro e lhe propiciando uma sensação de paz.

– Amo você, filho. Amo muito! Não importa onde estejamos, quão distantes fiquemos um do outro, eu sempre hei de amá-lo. Saiba disso.

Bruno novamente sentiu seu corpo se aquecer como se tivesse recebido um raio de sol num dia frio de inverno.

– Perdão, Bruno. Perdão por não ter sido o pai perfeito que você merecia ter. Tudo o que fiz foi para lhe dar um futuro melhor nessa sociedade maluca da Terra, onde a matéria conta mais do que tudo. Perdão, filho, perdão!

Diante do rapaz, Jardel se ajoelhou sobre uma perna, mirando fundo o rosto de Bruno, distorcido pela forte emoção do momento. Foi nesse instante, algo raro de se ter, que Bruno pôde ver o espírito do pai bem diante dele. O que viu, a princípio o assustou, mas depois relaxou ao lembrar-se do que aprendera no espiritismo. Jardel, em espírito, estava ali, fora vê-lo. E se mantinha ajoelhado bem diante dele sob uma luz incandescente.

– Pai – balbuciou Bruno trêmulo de emoção. – Eu posso vê-lo, papai. Eu posso vê-lo!

Diante das palavras do rapaz, o rosto de Jardel se iluminou e no lugar da tristeza, o fascínio do reencontro tomou conta. Via-se agora, dois rostos maravilhados pelo momento que podiam usufruir.

– Bruno, meu filho... – falou Jardel baixinho. – Que bom revê-lo!

– Pai, você tá bem?

– Estou. Agora muito melhor.

– Que bom, pai... Que bom...

Breve pausa e Bruno, sem esconder a ansiedade perguntou:

– O vovô, a vovó... Você os reencontrou?

– Sim, Bruno. Eles estão bem. Graças a Deus eles estão bem.

O rapaz respirou aliviado e Jardel percebeu que chegara o momento de relatar ao filho, o que ele fizera no passado para conseguir a propriedade rural da família. Num tom ponderado ele se pôs a falar:

– Bruno, meu filho, há algo de que você precisa saber. Algo que fiz e do que me envergonho muito. Mas só fiz...

O rapaz o interrompeu:

– Eu já sei de tudo, papai.

– Você sabe?!

– Sim e me revoltei muito com a sua atitude. Mas agora, depois de muito refletir, compreendi que ninguém é perfeito; eu também não sou. Todos nessa vida estão tentando acertar, tentando fazer o melhor que podem e quando erram, erram porque a vida é mesmo feita de erros e acertos. O que me leva a pensar em Deus. Foi por isso que Ele criou a reencarnação, só assim poderia dar a chance a todos de reparar seus erros e finalmente acertar, ou seja: evoluir!

– Belas palavras, meu filho. Elas me comovem.

Ambos se admiraram por alguns segundos até Jardel dizer:

– Seu avô me perdoou, sabe? E seu perdão foi muito importante para mim.

– Que bom, papai. Que bom!

Nova pausa e Bruno quis saber:

– E você, papai, perdoou-se?

A pergunta era forte, extremamente forte e merecia uma resposta sincera, deveras sincera. A voz de Jardel falhou ao responder:

– Estou tentando... Mas ainda tenho recaídas.

– Entendo.

Dessa vez, foi Jardel quem quis saber:

– E você, filho, você me perdoou?

Bruno sentiu a garganta arder. O nó ali se apertara. Chegou-lhe a faltar o ar.

– Diga-me, filho... Você me perdoou? Se não foi capaz, não tem problema, um dia quem sabe...

Bruno respirou fundo, afastou a dúvida e seguramente respondeu:

– Sim, papai. Eu o perdoei.

Jardel fechou os olhos até esprimê-los, enquanto nova torrente de lágrimas rolava por sua face. Bruno então sorriu para ele e disse, com a voz do coração:

– Eu te amo, papai.

A declaração atingiu Jardel em cheio. O amor inundou pai e filho por inteiros.

– É isso mesmo o que você ouviu, papai. Eu te amo!

A resposta de Jardel não poderia ter sido outra:

– Eu também te amo, filho. Muito!

Novamente um sorriu para o outro e a visão se desfez. Jardel voltou para o seu novo lar e Bruno retornou à realidade da qual fazia parte. Não havia mais aflição em seu peito, tampouco angústia ou rancor. A paz voltara a reinar no seu coração e ele agradecia a Deus por aquele presente.

No espiritismo ele aprendera que os elos familiares não se desfazem com a morte, cedo ou tarde, por meio de uma nova existência, aqueles que se amam reencontram-se sob a benção de Deus, o Pai Celestial, portanto, ele haveria de estar ao lado do pai e dos avós numa nova oportunidade concedida pelo maravilhoso processo das reencarnações. Não havia por que sofrer ou morrer de saudades.

Quando Damaris voltou para casa, percebeu de imediato que o filho estava diferente. Pelo seu semblante via-se claramente a leveza e harmonia interior. Ele então lhe contou o que havia presenciado e o quanto aquilo lhe fizera bem. Na verdade, transformara sua vida para sempre. Um Bruno mais maduro nascera a partir daquele reencontro com o pai. Um Bruno mais lúcido, amoroso e benevolente. Um grande passo na sua evolução.

Damaris também reencontrou a paz que havia perdido a partir da transformação positiva do filho. O mundo espiritual havia mais uma vez colaborado positivamente com o mundo terrestre.

Capítulo 25

Ao voltar para Nosso Lar, Jardel contou aos pais sobre o emocionante encontro que tivera com Bruno no plano terrestre. Belmiro e Isaura também se emocionaram, foi como se tivessem presenciado o ocorrido.

– Que bom, Jardel – afirmou Isaura com sinceridade. – Que bom que Deus lhe permitiu esse reencontro. Um reencontro que certamente fez tão bem ao Bruno quanto a você, meu filho.

– Sim, mamãe. Graças a Deus!

Mãe e filho se abraçaram.

– Mamãe, o Bruno disse que me ama e que me perdoou pelo que fiz para ganhar a nossa fazenda.

– Que bom, filho. Ele é um rapaz sensato.

– Sim. Mas disse que sofreu muito por isso e que se revoltou pelo que fiz, mas depois, sob a luz do espiritismo, compreendeu melhor os fatos e assim, pôde me perdoar.

– Deus seja louvado, Jardel. Deus seja louvado!

Belmiro também abraçou o filho, feliz por perceber que aquele triste episódio de suas vidas, ao que parecia, chegara finalmente ao fim. Algo importante para se conquistar a verdadeira paz no coração de todos.

A seguir, Belmiro, Isaura e Jardel saíram para caminhar. Rente ao lindo lago, perto dali, um quarteto de cordas se apresentaria para alegrar a todos com boa música instrumental. Pelo caminho, os três foram proseando alegremente até que Jardel avistou Valdemar, caminhando ao lado da esposa. Imediatamente seu semblante endureceu e ele parou, estremecido. Demorou para que Belmiro e Isaura percebessem o que havia acontecido com ele.

– Filho! O que houve? – perguntou o pai, estranhando sua reação. Entretanto, Jardel não precisou responder. Ao avistar Valdemar e Delcídia, lado a lado, Belmiro compreendeu o que se passava. – Jardel, meu filho...

– Aquele homem, papai...

Aquele homem é o Valdemar e aquela é a esposa dele.

– Aquele homem, papai... Aquele homem é...

– Jardel, esse homem, assim como você, é digno de perdão. O mesmo que você recebeu do seu filho há pouco.

– Papai, não compare meu filho a esse sujeito.

– Jardel, não alimente mais discórdias. Dê um basta. Discórdias só servem para nos ferir.

– Não, papai, não me peça para perdoar esse homem. É exigir demais de mim!

Sem mais, Jardel se afastou dos pais, apertando o passo, seguindo para longe do casal.

– Jardel, volte! – falou Belmiro em voz alta.

Mas o filho ignorou os chamados do pai. Valdemar e a esposa se aproximaram de Isaura e Belmiro que, ao vê-lo, saldou ambos com boas vindas. Valdemar deu um passo à frente e falou com profundidade:

– Belmiro, meu caro, o que o Valdecir fez a você não tem perdão. Eu sempre soube disso. Tudo o que fiz na Terra, depois do seu desencarne, foi tentar, de alguma forma, reparar a estupidez que o Valdecir cometeu. Sei que o dinheiro, perto de uma vida não vale nada, mas foi a única forma que encontrei de reparar o mal cometido.

Belmiro, olhos cheios de compaixão, respondeu:

– Entendo você, Valdemar.

– Entende mesmo?

– Entendo. Saiba que não guardo ressentimentos. Ninguém é perfeito. Todos cometem erros. Eu mesmo cometi muitos ao longo da minha última encarnação. Num dia de mau humor, ergui a voz para o meu pai, minha esposa e até mesmo para o meu filho. Errei como todos, porque não somos perfeitos. Por isso, perdoei o seu filho, perdoei-o sinceramente. Se eu não o perdoasse, carregaria o peso da falta de perdão sob as minhas costas, e isso não faz bem a ninguém.

– Você tem toda razão, Belmiro. Obrigado por me compreender e por ter conseguido encontrar o perdão em seu coração. Hoje sei que perante os olhos da vida, nada passa desapercebido. O que fazemos de bom ou de ruim, cedo ou tarde voltará para nós. Feliz daqueles que já compreenderam isso e só praticam o bem para obter somente o melhor da vida.

– Sem dúvida, meu amigo! – Belmiro pôs as mãos nos ombros de Valdemar e completou: – Por isso, deixemos o passado de lado. Há o presente para nós, o agora a ser vivido; e somente nele é que podemos construir um futuro brilhante e feliz. Vivamos o presente, só o presente, agora e sempre!

Valdemar rompeu-se em lágrimas e Belmiro, solidário como sempre, envolveu seu semelhante num abraço afetuoso e emocionante.

As duas mulheres também se abraçaram em sinal de reconciliação.

Valdemar, voltando os olhos na direção que Jardel havia tomado, perguntou:

– E quanto ao Jardel? Acho que ele nunca irá me perdoar, não é mesmo? Seus olhos explodiam de ódio e revolta. Eu gostaria imensamente que ele não mais sofresse por isso.

Belmiro sabiamente respondeu:

– O tempo há de amaciar seu coração. O tempo tudo ensina, tudo conduz, tudo aprimora.

E ele estava certo, mais uma vez, em seu raciocínio.

Não muito longe dali, Jardel parou rente a uma árvore onde se apoiou no tronco e se pôs a chorar. Demorou para perceber que um jovem havia se aproximado dele. Um jovem querendo ajudá-lo a se livrar daquele estado desesperador.

– Olá – chamou André, quando achou conveniente.

– Olá – respondeu Jardel, envergonhado de ser visto tão fragilizado. Rapidamente procurou enxugar as lágrimas e se recompor. – Estava nervoso. Acabei de encontrar um sujeito que não merecia estar num lugar desses.

– Eu vi o que se passou, de longe.

– Aquele homem... aquele homem... – Jardel não conseguia completar a frase. – Aquele homem é o pai do assassino do meu pai. Que acabou com a nossa família. E, por pouco...

– Pelo que percebo, o senhor guarda muito ressentimento desse senhor.

– Guardo, mas não é à toa! O filho dele assassinou meu pai a sangue frio. Tudo porque estava drogado. Não passava de um filhinho de papai, mimado, que não sabia fazer nada na vida a não ser se drogar.

– Que deprimente.

– Sim. Queria ver esse assassino, sentindo na pele o que eu e minha família sentimos ao ter de enterrar meu pai, um homem ainda cheio de vida e amor a sua família. Queria vê-lo sentindo a mesma dor que sentimos na alma!

– Meu senhor, penso que ele sentiu o mesmo, ou melhor, ainda sente.

– Não! Não sente não! Ele vive no plano terrestre numa boa, ao lado da esposa e dos filhos, com a conta recheada de dinheiro, vivendo como se nada tivesse acontecido.

– Será mesmo?

– Pode ter certeza.

André fez ar de interrogação e Jardel se sentiu novamente envergonhado diante dele.

– Você é tão jovem para estar aqui. O que houve?
– Só Deus sabe!
Breve pausa e Jardel comentou:
– Deixei no plano terrestre, um filho como você. Apenas um pouco mais velho. Acabei de revê-lo, sabe? Foi muito importante para mim esse reencontro. Penso que agora, ele pode prosseguir pela vida com menos peso no coração. Ele me perdoou pelo que fiz, algo tentado pelo dinheiro; meu pai me perdoou pelo mesmo motivo e isso é muito gratificante para mim.
– E você se perdoou?
Jardel abaixou a cabeça e foi sincero:
– Eu tento.
– Melhor assim.
Nova pausa e Jardel voltou a encarar o rapaz. Com profundo sentimento, falou:
– Você não merecia ter desencarnado tão jovem. Seus pais devem estar arrasados. Que mundo mais injusto esse em que vivemos.
– Será mesmo?
– E não é? O que aconteceu a você e o que aconteceu ao meu pai são provas disso.
André nada falou e Jardel, com profunda pena da sua pessoa, passou levemente a mão pelo seu rosto jovial e se fez sincero, mais uma vez:
– Se eu tivesse perdido o meu menino, enlouqueceria...
Novas lágrimas rolaram por sua face, enquanto o silêncio os envolveu por alguns segundos. Foi então que Jardel, procurando controlar suas emoções, pediu carinhosamente:
– Posso lhe dar um abraço? Abraçando você, seria o mesmo que abraçar o meu filho.
O jovem assentiu e naquele abraço, Jardel realizou em parte a vontade que tinha de abraçar o filho adorado. Foi um abraço demorado, envolto de lágrimas insopitáveis... Foi como se o tempo tivesse se perdido, sem ter mais necessidade de avanço. Demorou até que a voz sonora de Valdemar Pascolato ecoasse até lá:
– André, meu neto.
O chamado fez Jardel se voltar como um raio na direção do homem que encarava o adolescente com olhos emotivos. André, muito carinhosamente tocou o braço de Jardel e disse:
– Eu preciso ir, meu avô me chama.
Os lábios de Jardel tremeram.
– Seu avô?
– Sim. Sou o filho mais velho de Valdecir Pascolato.

A informação fez Jardel tremer por inteiro.
– V-você...
O rapaz tocou Jardel nos ombros e completou:
– Não se preocupe, você ficará bem.
Novamente os lábios de Jardel tremeram, tentando pronunciar palavras que haviam se aprisionado em seu interior.
– Nos veremos novamente?
– Sim, com certeza.
O rapaz se afastou e se juntou aos avós que seguiram caminho. Jardel mal podia acreditar no que acabara de ver.
Belmiro e a esposa aproximaram-se e Jardel disse:
– Papai, mamãe, aquele jovem... Aquele jovem...
– Nós sabemos, Jardel.
Jardel voltou-se tomado de desespero.
– Não é certo, papai, um jovem daqueles, morrer tão cedo. E se foi pelo que o pai dele causou ao senhor...
– Mas você queria que ele pagasse pelo que me fez, não é isso? Que sentisse na própria pele...
– Não! – berrou Jardel indignado. – Não dessa forma!
– Mas você disse que ele...
– Mas...
– Está vendo, meu filho, como devemos tomar cuidado com o que desejamos para o outro? O que prova que, dor nenhuma acoberta outra dor.
– O senhor tem razão. Só agora percebo, o quanto fui tolo.
– Não somos perfeitos, filho. Não se esqueça disso.
– Não me esquecerei, papai. Não mais.
Pai e filho se abraçaram forte e calorosamente. Naquela noite, em mais uma palestra na colônia, Jardel e outros aprenderam mais um pouco sobre as leis que regem a vida no cosmos.

Não há ação sem reação. Portanto, preste atenção na ação para não se arrepender mais tarde da reação.
Refletir antes de tomar uma atitude é algo que pode nos poupar de muitos transtornos. Disciplina mental nessa hora é sempre o ideal.
Ações que sabemos por intuição (transmitidas por nossos guias espirituais), que não nos serão benéficas ou ações repetidas, que já nos trouxeram problemas, mas insistimos em repeti-las, nos prejudicam tremendamente. Travam a nossa evolução.
A vida não é má. Tudo foi criado para elevar o nosso bem sem prejudicar a quem. É o mesmo princípio do fogo. Ele queima e arde para que

você aprenda a utilizá-lo do modo correto. Sem causar danos a si próprio e a terceiros.

"Respeito, respeito, respeito!" é um dos mais fortes lemas da vida. Respeito a si próprio, ao próximo, à vida e a Deus, sempre!

Mudar padrões de pensamento e comportamento, à princípio, pode ser difícil, mas com perseverança se chega lá. Nessa conquista, milagres acontecerão na sua vida, provando que todo esforço valeu a pena.

Capítulo 26

Meses depois, Valdecir Pascolato cumpria sua sentença na prisão. Sentia-se como um passarinho que nasceu para livre para voar e fora estupidamente preso numa gaiola. Tal como ele próprio fizera com muitos pássaros no passado, por simples prazer.

Para Valdecir, viver atrás das grades era bem mais do que um castigo, era o próprio inferno. Ele não suportava o lugar tampouco a comida. Não suportava os colegas de cela, tampouco os demais que encontrava no pátio. Como se não bastasse tudo aquilo, a dor de não receber uma carta dos filhos, tampouco a visita de ambos, também lhe era devastador. Ele não suportaria aquilo por muito tempo, adoeceria ou enlouqueceria, talvez as duas coisas ao mesmo tempo.

Foi então que, certo dia, um dos carcereiros, o mais espiritualizado que ali trabalhava, apareceu trazendo livros doados por moradores da cidade. Livros para os prisioneiros que tivessem interesse em ocupar seu tempo com uma boa leitura.

— Algum de vocês quer um livro? – perguntou o homem de forma gentil. – São romances. Além de entreter o tempo, ensinam muito sobre a vida.

Valdecir sempre apreciara a leitura do jornal, especialmente a do caderno esportivo; ler um romance, no entanto, nunca tentara, pois considerava coisa de mulher. Todavia, a leitura poderia ajudá-lo a preencher seu tempo tedioso, naquele lugar deprimente; por isso, ele decidiu aceitar a sugestão do simpático senhor.

— Vou querer um, sim!

— São romances – explicou o carcereiro. – Romances muito bonitos.

— Romances?! – resmungou um dos companheiros de cela de Valdecir. – Livros de mulherzinha, você quer dizer?

O sujeito riu, debochado, mas Valdecir não lhe deu trela, simplesmente escolheu um dos romances cujo título mais lhe chamou a atenção, e agradeceu a oferta.

– Um romance... – murmurou, minutos depois, mais para si do que para os dois colegas de cela. – Tantos vi e nunca me interessei por nenhum. Na escola, quando a professora de português nos pedia para lermos um livro específico, eu roubava os resumos dos meus colegas de classe, ou pedia a um deles que me contasse a história, para que eu pudesse responder às perguntas da professora, caso ela me fizesse alguma.

Risos.

– Nunca fui também de ler livros – comentou o outro colega encarcerado. – O máximo que li foi um dos infantis com figuras gigantes e texto de apenas uma linha ou duas, no máximo.

Risos redobrados. Ao ver Valdecir lendo atentamente a quarta capa do livro, o sujeito quis saber:

– Qual é o título do livro?

Valdecir o leu em voz alta:

– "E a vida continua" e virou a capa para que os amigos pudessem apreciá-la. – É do Chico Xavier.

– Chico Xavier?! É um médium, não é?

– É sim.

– Ele ainda tá vivo?

– Não, já morreu faz alguns anos.

– Será que o livro é bom?

– Meu caro, só mesmo lendo para eu saber. E é o que eu vou fazer agora. Não me atrapalhem!

– Olha ele! – o colega zombou do outro mas acabou se calando.

E foi assim que Valdecir descobriu o universo fascinante da literatura espírita. O maravilhoso "E a vida continua", de Chico Xavier, o deixou deslumbrado com a história, tanto que terminou de ler o livro em apenas três dias.

– O livro, pelo visto, é dos bons! Você não tirou os olhos dele! – comentou seu colega de cela.

– Se é bom? É ótimo! Nos faz refletir sobre fatos da vida que fazem muito sentido. Se você quiser ler, é só pegar!

O colega não resistiu, aceitou a sugestão e logo descobriu, também, o quão fascinante era aquele romance. Na próxima visita do carcereiro, Valdecir escolheu outro livro para ler, "Os mensageiros", também psicografado por Francisco Cândido Xavier. Desse, Valdecir também não conseguiu se desligar da leitura por muito tempo.

Quando o carcereiro reapareceu trazendo livros, o próprio fez uma sugestão a Valdecir.

– Leia "Há dois mil anos", seguido de "Cinquenta anos depois", "Renúncia" e "Ave Cristo", um é sequência do outro. Uma história para refletir e de profundos ensinamentos. São também do Chico Xavier. Estes, no caso, ditados pelo espírito Emmanuel. Inclusive, trata-se da história do próprio Emmanuel em vidas passadas. Seus erros e superações. Você vai adorar!

Valdecir aceitou a sugestão e quando o homem se foi, o colega de cela quis saber:

– Você acredita mesmo que um espírito pode ditar um livro para um ser vivo como nós?

Lembrando-se da visita do filho, Valdecir respondeu, prontamente:

– Acredito que sim. Os espíritos dos mortos realmente habitam outro plano. Eu mesmo já vi meu filho desencarnado.

– Você já viu seu filho?!

– Sim. Ele veio me ver.

– Tem certeza de que não estava bêbado ou drogado? Tendo alucinações?

– Eu estava bem lúcido. Era ele mesmo!

– É de arrepiar!

– Eu também me arrepio toda vez que toco no assunto.

Breve pausa e ambos voltaram a se concentrar nos livros que estavam dispostos a ler e com grande interesse. Logo, os temas abordados ali eram discutidos na cela pelos três companheiros. Empolgação que começou a estimular prisioneiros de outras celas a ler também.

A obra de Humberto de Campos, "Brasil, coração do mundo, pátria do evangelho", fez com que Valdecir e seus colegas de cela tivessem muito o que conversar a respeito.

O livro "Emmanuel", também psicografado por Francisco Cândido Xavier, ditado pelo próprio espírito Emmanuel, fez com que todos conhecessem melhor o espírito que muito contribuíra para a sabedoria do médium. Chico Xavier apontava Emmanuel como seu orientador espiritual.

Os livros "O consolador", "Caminho, verdade e vida" e "Paulo e Estevão" também comoveu a todos.

Os livros "Nosso Lar" e "Missionários da Luz" ditados por André Luiz, abriram espaço para deliciosos debates a respeito das colônias onde habitam os espíritos desencarnados.

O mesmo aconteceu após a leitura do livro "Libertação", também de autoria de André Luiz, que relata de forma impressionista, o que acontece àqueles que trilharam pelos descaminhos morais, prejudicando a si mesmos e ao próximo. A descrição das trevas, para onde vão todos aqueles que se deixam levar pelo mal, causou fortíssima impressão nos leitores, da mesma forma que reforçou a importância de seguir os mandamentos cristãos para se atingir o bem maior.

"Jesus no lar", ditado por Neio Lúcio, fez com que a maioria dos prisioneiros que se deliciavam com a literatura espírita procurassem outros livros a respeito da vida e dos ensinamentos de Cristo, interessando-se a seguir pela leitura da Bíblia, doada por alguns evangélicos à prisão.

A obra "Pai Nosso", ditado por Meimei, valorosa missionária do bem e da luz, também foi apreciada por muitos.

"O faraó de Mernephtah" foi o primeiro romance ditado pelo espírito do Conde de Rochester a uma médium russa, a ser lido por todos ali. A obra agradou tanto que a maioria dos prisioneiros quis ler os demais títulos do autor: "Alma de minha alma", "Cornélius, o centurião que viu Jesus", "As duas esfinges", "Episódio da vida de Tibério", "A vingança do Judeu", dentre outros.

A leitura realmente transformou a vida dos prisioneiros, expandindo seus conhecimentos e suavizando a pena. Havia muitos que, logicamente, não liam e odiavam os que liam até serem contagiados pelo entusiasmo dos colegas com a leitura de um bom livro.

– Nossa! – exclamou um prisioneiro, certo dia. – E saber que Hitler mandou queimar centenas e centenas de livros. Fonte de sabedoria e riqueza para a alma. Hoje encaro o livro como um grande amigo, tal qual um cão pode ser para o homem.

– Eu também! – concordou um colega.

Desde então, não faltava assunto para os encarcerados que, por meio da leitura, fizeram do tempo ocioso e amargurado dentro da prisão, algo proveitoso e expansivo para a mente, o coração e a alma.

A transformação no interior de Valdecir foi tão grande que ele próprio tomou coragem de escrever para os filhos que, tocados por sua sinceridade no uso das palavras, retribuíram o gesto e foram visitá-lo no Dia dos Pais. André também compareceu, desta vez na companhia dos avós que também se maravilharam com a transformação positiva de Valdecir, por meio dos livros espíritas. Assim compreenderam por que é tão importante a psicografia literária para os encarnados; importância já revelada por Francisco Cândido Xavier, durante sua recente passagem pela Terra.

Capítulo 27

Meses depois, Priscila Camargo, trajando um lindo vestido de noiva com um buquê lindíssimo de azaleias e crisântemos, casava-se com Bruno Carvalho na pequena cidade de Acalanto. Enquanto se abraçavam, Damaris cochichou no ouvido do filho:

– Tenho certeza de que seu pai está orgulhoso desse momento tão especial na sua vida, Bruno. É uma pena ele não estar aqui.

– Ele deve estar, mamãe. Apenas invisível aos nossos olhos.

Bruno estava certo. Jardel, acompanhado de Belmiro e Isaura, encontrava-se no local apreciando aquele grande novo passo na vida do filho. Estava feliz e agradecido a Deus, por terem sido tocados pelo poder da compreensão que levou todos ao perdão.

– Obrigado Pai! – murmurou Jardel em pensamento. – Novamente muito obrigado!

Nesse momento, lágrimas correram por sua face. Lágrimas de felicidade e realização, não mais de tristeza ou ódio pelos percalços da vida.

A festa de casamento foi muito agradável. Bruno e Priscila se divertiram imensamente com os convidados, amigos e parentes queridos. Dançaram ao som de músicas sertanejas, forró e grandes sucessos da música internacional. Os comes e bebes estavam deliciosos e na hora da noiva jogar o buquê, as solteiras se agitaram todas. Que momento maravilhoso e especial de suas vidas. E tudo sob as bênçãos do Pai Celestial.

Lucimar Barcelos também foi abençoada com um novo amor, com o qual se casou anos depois. O amor que sentiu por André Pascolato ainda existia em seu coração e um dia, eles haveriam de vivê-lo plenamente, porque a todos é dado uma nova chance de viver um amor que por motivos diversos não pôde ser vivido.

Vinicius Pascolato também recebeu uma grande bênção, nunca mais teve síndrome do pânico e numa garota encontrou o amor que tão bem faz a todos. O mesmo aconteceu com Bianca. Apaixonou-se por um jovem ao entrar na faculdade e, com ele, construiu uma família feliz. Cristina também reencontrou a felicidade por meio de um novo casamento e o mesmo aconteceu com Damaris, tendo total aprovação de Bruno.

André, no plano espiritual, continuou aprendendo tudo sobre as leis que regem a vida, aprendizado que muito lhe ajudaria na sua próxima encarnação. Existência que lhe permitiria viver reencontros emocionantes e galgar grandes passos em prol da sua evolução.

A história de ninguém se encerra com sua morte. Porque a morte é apenas uma passagem, uma transição, uma renovação para o espírito.

A todos é dado o direito de renascer para que possam reparar os erros cometidos, viver tudo aquilo que não puderam, por questão de espaço e tempo ou devido a uma tragédia. Para que possam, principalmente, aperfeiçoar a si mesmos na estrada da evolução e estreitar os laços familiares que tornam a nossa existência muito mais completa e feliz.

Que o Pai Celestial abençoe a todos. Saudações fraternas.

As obras espíritas de Américo Simões

Histórias belíssimas como essa que você acabou de ler, são transformadas em livros pelo mundo espiritual, para que vidas sejam inspiradas a prosseguir, superando obstáculos durante suas travessias pelo plano terrestre.

Por meio da vida dos personagens, os leitores podem perceber seus próprios erros e mudar, adquirindo atitudes e pensamentos mais condizentes com o seu progresso pessoal e espiritual, evitando, assim, caminhos pedregosos e curvas sinuosas. Em cada história, em cada livro, uma emoção diferente, uma luz no fim do túnel, uma injeção de ânimo para todos nós.

Abaixo, destacamos as obras do autor mais elogiadas pelas Federações Espíritas do país.

Os 10 romances espíritas mais elogiados do autor Américo Simões

1. Ninguém desvia o destino
2. Vidas que nos completam
3. Quando é inverno em nosso coração
4. Paixões que ferem
5. O lado oculto das paixões
6. A eternidade das paixões
7. A vida sempre continua
8. Só o amor resiste ao tempo
9. Sem amor eu nada seria
10. A lágrima não é só de quem chora

Um romance que trata sobre o despertar da mediunidade em nós
Por um beijo eterno

Os dez romances favoritos dos leitores
1. Suas verdades o tempo não apaga
2. Se não amássemos tanto assim
3. Só o coração pode entender
4. A lágrima não é só de que chora
5. Deus nunca nos deixa sós
6. Mulheres Fênix
7. Quando é inverno em nosso coração
8. A outra face do amor
9. Por entre as flores do perdão
10. A solidão do espinho

Os dez romances favoritos do autor Américo Simões
1. Paixão não se apaga com a dor
2. Sem você é só saudade
3. O doce amargo da inveja
4. Hora de recomeçar
5. Só o coração pode entender
6. Suas verdades o tempo não apaga
7. Se não amássemos tanto assim
8. Castelos de areia
9. Quando o coração escolhe
10. O amante cigano

Américo Simões, nascido no interior de São Paulo, não cresceu no Espiritismo, mas foi levado até a doutrina por meio de experiências mediúnicas desde a infância.

Quando a vontade de escrever um livro psicografado se manifestou, levou cerca de seis anos para que seu pedido fosse atendido pelo mundo espiritual. Suas obras, que já totalizam 50 romances, abordam a vida real e falam de amor e libertação do ser para uma vida melhor. Elas inspiram o leitor a transformar sua vida, curar feridas e evoluir espiritualmente.

Projetos artísticos, culturais e filantrópicos, bem como instituições de caridade, são mantidos com a venda de suas obras que também possibilitam a existência de centenas e centenas de empregos, pois um simples livro leva prosperidade a muitas famílias.

"É uma felicidade tamanha quando encontro leitores de diferentes religiões elogiando meus livros. São católicos (incluindo padres), evangélicos, protestantes, muçulmanos, judeus e budistas que dispensam o preconceito e as rivalidades religiosas, porque sabem o quão bem faz a leitura de um bom livro para a alma humana", comenta Américo Simões.

"Para escrever um romance espírita é preciso ter disciplina, responsabilidade e sensibilidade para reconhecer que se trata de uma obra para o bem-estar de todos", completa o autor.

"Somos constantemente invadidos por pensamentos negativos e destrutivos, dos quais precisamos nos afastar se quisermos fortalecer os pensamentos cristãos que nos levarão, consequentemente, a um comportamento adequado. A leitura de um bom livro espírita pode, e muito, nos ajudar nessa hora. Livros com ensinamentos do bem são como sementes jogadas no solo fértil da mente; logo florescerão lindas e produtivas", conclui o autor, a respeito da importância da literatura na vida do indivíduo.

SUCESSOS DE AMÉRICO SIMÕES

A beleza de um romance está na capacidade de surpreender o leitor a cada página. Por isso, o resumo de cada obra a seguir conta apenas o essencial da história para que o leitor se mantenha surpreendido durante o tempo todo da leitura.

Pelo mesmo motivo, pedimos a todos que já leram os nossos romances que nada revelem aos seus colegas, amigos e familiares as surpresas e emoções que terão ao longo da leitura. A todos, o nosso obrigado!

QUEM EU TANTO AMEI

Miguel Mietto tem duas paixões na vida: uma é sua esposa, a belíssima Beatriz; a outra é o jogo, no qual mais ganha do que perde. Eis que surge, então, Henrique Quaresma, um agiota impiedoso que se apaixona perdidamente por Beatriz, que sente repugnância só de vê-lo.

O tempo passa e uma inesperada falta de sorte no jogo faz com que Miguel tome emprestado dinheiro de Henrique, a juros altíssimos.

Ao perceber que o marido não tem como pagar o que deve, Beatriz pede clemência ao agiota que lhe propõe perdoar a dívida, se ela se entregar a ele. Indignada, Beatriz volta para casa, mas, ao ver o marido à beira da loucura pela falta de dinheiro, ela acaba por aceitar a proposta indecente.

Henrique Quaresma propõe, ainda com mais ousadia, que Beatriz abandone o marido para ficar com ele, mas Beatriz se recusa, terminantemente, por amar Miguel incondicionalmente.

Ao perceber que ela realmente não o ama, Henrique acaba se mudando para a Europa onde se casa e tem um filho. Vinte anos se passam e ele decide voltar para o Brasil, e é quando conhece a jovem e belíssima Helena e se apaixona por ela. Tudo vai bem até que Henrique descobre que seu filho, Rodrigo Quaresma, também está apaixonado pela moça. E as coisas se complicam ainda mais quando ele descobre que Helena é filha de Beatriz, a mulher que ele tanto amara no passado.

QUEM EU TANTO AMEI é um romance de tirar o fôlego do leitor a cada página, especialmente quando os personagens embarcam no famoso transatlântico Titanic.

SEM VOCÊ, É SÓ SAUDADE

Alba Marineli não consegue ter filhos, por isso, adota Cirilo, um menino que se torna sua alegria e a do marido. Em meio a tanta felicidade, Alba finalmente engravida como tanto sonhara. Depois do nascimento da filha, Alba rejeita Cirilo e o devolve para o orfanato, uma vez que só o adotara porque até então não conseguira ter filhos.

Quando o marido toma conhecimento do fato, por ter se apegado ao menino, com a convivência diária, vai buscá-lo de volta no orfanato e descobre, a duras penas, que o pequeno Cirilo fora adotado por um casal que faz parte de um circo que roda o país.

Os anos passam e Cirilo se torna um dos palhaços mais queridos do circo brasileiro. É quando Giovana Marineli, filha de Alba, procura o rapaz para informar-lhe que a mãe quer muito revê-lo. Nesse reencontro, Alba lhe pede desculpas por tê-lo devolvido ao orfanato e lhe informa que ele receberá parte da herança que lhe cabe. Ao saber da decisão dos pais, Giovanna se revolta e obriga Cirilo a abrir mão da herança que receberá.

Por não ter apego ao dinheiro, o rapaz atende ao seu pedido. Sua única ambição é conquistar Wanderleia, a filha do dono do circo em que trabalha, que não aceita Cirilo como seu futuro genro, por ele ser simplesmente um palhaço.

Nesse ínterim, o noivo de Giovanna se envolve numa briga e, por matar um sujeito, é condenado a cinco anos de prisão. Giovanna promete esperar por ele, até que seja liberto, mas por medo de que ele contraia alguma doença transmissível enquanto preso, ela acaba se casando com outro, com quem tem um filho.

Os caminhos de todos voltam a se cruzar no futuro, ensinando preciosas lições para a evolução espiritual de cada um.

SEM VOCÊ, É SÓ SAUDADE vale cada página, cada capítulo. Uma história fascinante que emociona o leitor do começo ao fim. Um presente do mundo espiritual para todos.

DÍVIDAS DE AMOR

É uma fascinante história de rei, rainha, príncipe e castelos suntuosos do reino persa. O leitor sentirá na pele, as emoções vividas por cada personagem e se tornará mais forte, por meio da superação que aprenderá com cada um deles.

POR AMOR, SOMOS MAIS FORTES

Augusta Bonini recebe uma carta anônima dizendo que seu marido tem uma amante. Dias depois, ao vê-lo na rua conversando com uma mulher, ela deduz ser aquela a sua amante e manda lhe dar uma surra. Ao descobrir que se enganou, ela procura a vítima para lhe pedir perdão e fica impressionada com a pobreza em que ela vive com os dois filhos: Maria, uma linda garota e Jonas, um menino com síndrome de Down.

Desde então, Augusta passa a ajudá-los e quando descobre que a pequena Maria dos Reis canta lindamente, investe na sua carreira de cantora. Esse é o primeiro passo para a menina se tornar, num futuro próximo, uma das maiores cantoras de rádio do Brasil.

Enquanto isso, noutra cidade do interior paulista, a pequena Cândida Moniz vive apavorada com algo. Sua mãe desconfia que ela foi aliciada por um sujeito da vizinhança e, por isso, compartilha de sua desconfiança com os vizinhos. Por esse motivo, o rapaz perde a noiva, o emprego e acaba em depressão. Mas seria esse realmente o motivo que vinha assustando a pequena Cândida? Ou haveria algo muito pior do que aquilo para apavorá-la tanto?

O tempo passa e a garota, com dezesseis anos na ocasião, é posta para fora de casa pelo pai, que não a aceita grávida, sendo ainda solteira. Sem ter para onde ir, Cândida pede ajuda em um bordel onde acaba trabalhando como faxineira, até dar à luz. Depois, para sobreviver, ela acaba se prostituindo e decide mudar-se para o Rio de Janeiro, onde poderá ganhar muito mais dinheiro com o que faz. É na cidade maravilhosa do final dos anos trinta, que ela conhece Maria dos Reis, a cantora revelação do Brasil, e se tornam grandes amigas.

Maria então se casa com Vladimir, sem saber que ele não gosta de trabalhar. Seu único trabalho, aliás, é jogar na loteria, pois acredita, piamente, que fará os treze pontos. Eis que então, Maria, por meio do seu canto, impede um vizinho de cometer o suicídio, por estar deprimido com a morte de um ente querido. É assim que eles se aproximam e a vida de ambos toma outro rumo.

POR AMOR, SOMOS MAIS FORTES aborda o abuso sexual infantil de forma clara, como um alerta para os pais que possam vir a passar por situação similar. Descreve o preconceito existente no século passado, contra os artistas, por parte da elite brasileira que tanto defendia a moral e os bons costumes. E fala também do preconceito que muitos pais têm de seus filhos com síndrome de Down. Um romance, enfim, que vale a pena ser lido com muita atenção, pois tem muito a contribuir para o crescimento espiritual de todos.

HORA DE RECOMEÇAR
Depois da falência do pai, Danilo Bianucci começa a vender cachorro-quente na rua para ter com que pagar as mensalidades da faculdade de medicina que está cursando. Inês, sua irmã, decide se casar com um sujeito milionário só para se garantir financeiramente, enquanto Juliano, seu irmão, entra para a política para poder tirar proveito próprio dos cofres públicos.

HORA DE RECOMEÇAR é um romance que conta uma história atual, de um Brasil atual e estimula todos a dar a volta por cima quando mais precisarem. Perfeito para o leitor que necessita de boas dicas para prosperar na vida, em todos os sentidos e ser feliz.

AMANDO EM SILÊNCIO
Hamilton e Michael são irmãos por parte de pai. Tudo vai bem até que Hamilton se apaixona por Melissa, a namorada de Michael. Ambos se tornam amantes e quando decidem revelar tudo, Michael descobre que precisa de um transplante de medula para sobreviver.

Visto que o rompimento afetivo o deixaria ainda mais fragilizado diante das circunstâncias, Hamilton e Melissa continuam se amando em silêncio.

Assim, segue essa tocante e maravilhosa história de um amor proibido, que fará o leitor sentir na pele o drama de cada personagem, perguntando-se, também, o que faria se estivesse na mesma situação que eles.

SEGREDOS
Depois da morte do marido, a matriarca da família se casa novamente, só que dessa vez, com um rapaz que tem idade para ser seu filho. Halima, sua filha caçula, é quem mais se aproxima do padrasto, logo, despertando o ciúme da mãe. Pouco tempo depois ocorre um assassinato, seguido de diversas mortes misteriosas, deixando a família em pânico.

Estaria o lugar amaldiçoado? Haveria dentre eles um assassino dissimulado e inescrupuloso cometendo esses crimes em série?

SEGREDOS fala de paixões proibidas e do sobrenatural.

O leitor vai devorar cada página, tamanha ansiedade para chegar ao final dessa surpreendente e fascinante história de mistério e paixão proibida. Um romance perfeito para quem procura emoção, paixão e suspense até o final.

Inspirado por Rochester.

O DOCE AMARGO DA INVEJA

Belinha tem duas irmãs: Assunta e Durvalina. Enquanto Belinha se casou com um bom sujeito, teve dois filhos maravilhosos e uma vida abastada, suas irmãs não tiveram a mesma sorte.

Revoltadas com a vida que levam, ambas desejam a morte do próprio pai, por acreditarem que, só assim, poderão alcançar a felicidade que tanto almejam.

Tempos depois, invejando cada vez mais a irmã caçula, Assunta e Durvalina começam a prejudicar sua família, causando discórdia na vida de todos.

O DOCE AMARGO DA INVEJA despertará risos no leitor, além de profundas lições para o seu crescimento espiritual. Indicado para todos os leitores que precisam se alegrar com uma deliciosa e divertida história de amor.

POR UM BEIJO ETERNO

Desde menina, Cristal sofreu muito por poder ver e se comunicar com os espíritos dos mortos. Anos depois, ao visitar um crematório, ela conhece Mark, um espírito que se torna seu amigo e confidente.

Tudo vai bem até que John, o namorado de Cristal, volta de seu curso na Europa e começa a ter surtos de ciúmes e loucura. Estaria ele usando drogas, consumindo bebidas alcoólicas em excesso ou sendo influenciado por um espírito obsessor?

Cristal precisa encontrar a resposta, antes que John possa fazer mal a ela, a si mesmo e a terceiros.

POR UM BEIJO ETERNO é uma linda história de amor, repleta de ensinamentos para todos que desejam conhecer mais sobre o despertar da mediunidade no indivíduo.

Indicado por Vera Lúcia Marinzeck.

VIDAS QUE NOS COMPLETAM

Com a morte dos pais, Izabel é convidada por Olga Scarpini, proprietária da fazenda onde Izabel nasceu e cresceu, a viver com a família no Rio de Janeiro. Izabel se empolga com o convite, pois ficará mais próxima de Guilhermina Scarpini, filha de Olga, quem considera sua melhor amiga. No entanto, os planos são alterados assim que Olga percebe que o filho está interessado em Izabel e, para afastá-los, ela manda a jovem ir morar em São Paulo, por meio de uma desculpa.

E lá que Izabel conhece Rodrigo Lessa, por quem se apaixona perdidamente, sem desconfiar que o rapaz vem a ser o grande amor de Guilhermina. Quando tudo vem à tona, a culpa cai sobre Izabel, que por estar grávida do rapaz é obrigada a abortar a criança a mando de Olga.

VIDAS QUE NOS COMPLETAM também mostrará a vida dos personagens numa reencarnação passada, revelando o porquê de cada um estar novamente lado a lado na vida atual, enfrentando novos desafios e superações.

TRILOGIA PAIXÕES

Elogiada pelos leitores, a trilogia "Paixões" conta a saga de duas famílias que atravessam árduos períodos de vida, emocionando os leitores com a superação de seus próprios desafios.

PAIXÕES QUE FEREM
1º livro da trilogia Paixões

O marido de Gianluza Nunnari decide abandonar tudo na Itália para tentar a vida no Brasil do final do século dezoito. A bordo do navio, ele passa mal e morre, deixando a esposa e os três filhos do casal em total desespero. Ali, eles são ajudados por Margarita e Mário Corridoni que também estão de mudança para o país, onde pretendem recomeçar a vida.

Até que tenham condições de voltar a Europa, Gianluza e os filhos vão morar na fazenda dos Corridoni, onde Gianluza e Mario acabam se apaixonando um pelo outro.

Nesse ínterim, Roberto Corridoni, filho de Mario e Margarita, apaixona-se por Liberata Nunnari, filha caçula de Gianluza, um grande amor que se destrói assim que o rapaz descobre que a mãe da jovem é amante de seu pai. Ao saber de tudo, Margarita Corridoni se revolta com Gianluza, por ela não ter tido consideração à sua pessoa que a ajudou quando ela mais precisou.

Após a morte de Mario, por vingança, Roberto vende a fazenda que herdou, abandonando o lugar sem se despedir de Liberata que quase morre de desgosto com sua atitude.

O novo proprietário da fazenda, por pena de Gianluza e filhos, acaba permitindo que eles continuem morando ali, desde que trabalhem para ele. Eis que a jovem esposa do sujeito se apaixona por Maurizio Nunnari, filho de Gianluza, complicando a situação de todos ali.

PAIXÕES QUE FEREM é o primeiro livro da trilogia "Paixões" que conta a emocionante história das famílias Corridoni e Nunnari que atravessará quatro gerações.

O LADO OCULTO DAS PAIXÕES
2º livro da trilogia Paixões

Roberto Corridoni se casa e tem seis filhos. Na hora de repartir sua herança, como manda a tradição de sua família, ele deixa suas fazendas apenas para os filhos homens; as filhas recebem apenas uma casa como herança. Complicações surgem quando sua filha caçula descobre que Roberto tem uma amante, algo que ele tanto recriminara em seu pai no passado. A situação se complica ao saber que ele tivera um filho com essa amante, o qual exige parte da herança após a sua morte.

O LADO OCULTO DAS PAIXÕES conta mais um pedaço da saga das famílias Corridoni e Nunnari, surpreendendo o leitor, mais uma vez, com suas reviravoltas e ensinamentos impostos a todos pela lei do retorno.

A ETERNIDADE DAS PAIXÕES
3º e último livro da trilogia "Paixões"

No Brasil da época do regime militar, Roberto Corridoni reencarna numa das comunidades de morro do Rio de Janeiro, envolvido com o maravilhoso carnaval carioca. Durante um desfile na Sapucaí, ele reencontra Liberata Nunnari, sua grande paixão de uma existência anterior. Próximos a reatar o elo que os une, Roberto descobre que seu verdadeiro pai é um alemão que viera passar o carnaval no Rio, apaixonou-se por sua mãe, casaram-se e foram morar na Alemanha. Por Roberto ter nascido negro, puxado a família da mãe, seu pai o rejeitou e o enviou para o Brasil para que fosse criado por seus avós maternos. Disposto a conhecer seus verdadeiros pais, Roberto se envolve com o tráfico de drogas para conseguir dinheiro e chegar à Alemanha. Quando lá, ele é ajudado por uma alemã, bem mais velha do que ele, a realizar seus propósitos.

De volta ao Rio de Janeiro, Roberto ainda terá de saldar sua dívida com os traficantes, caso queira poupar a si e sua família de uma revanche por parte deles. Dessa vez, será Liberata Nunnari e sua família que o ajudarão a vencer seus desafios.

A ETERNIDADE DAS PAIXÕES une novamente as famílias Nunnari e Corridoni, para que possam transpor obstáculos antigos, renovar o espírito e evoluir. E para comprovar de vez, que somente por meio das reencarnações, o espírito pode se redimir de seus erros do passado.

CASTELOS DE AREIA

Na infância, Hugo conhece Emiliano, o qual se torna seu melhor amigo. Apaixonados pelo futebol, ambos logo se revelam dois futuros craques. Tudo vai bem até que a mãe de Emiliano cisma que Hugo é gay e obriga o filho a se afastar do rapaz. Acuado pela mãe, Emiliano se casa para lhe dar o neto que ela tanto deseja ter e esconder seus verdadeiros sentimentos por Hugo.

Nesse ínterim, Hugo é contratado por um time profissional de futebol e se torna um dos jogadores mais famosos do mundo, causando inveja àquele que um dia foi seu melhor amigo.

CASTELOS DE AREIA fala da dificuldade que muitos têm, especialmente os pais, em aceitar as diferenças dos próprios filhos; e os danos irreversíveis à alma humana quando o próprio ser humano não se aceita como é, e faz de tudo para esconder, até de si mesmo, sua verdadeira essência. Uma história tocante, instrutiva e importante para todos num mundo onde a diferença impera e deve ser aceita, cada dia mais, em respeito à tolerância e à diversidade.

SUAS VERDADES O TEMPO NÃO APAGA

No Brasil do Segundo Reinado, em meio às amarguras da escravidão, Antônia Amorim descobre que está gravemente doente e se sente na obrigação de contar ao marido, Romeu Amorim, um segredo que guardou durante anos. Sem coragem de lhe dizer a verdade, face a face, ela opta por escrever uma carta, revelando tudo, para ser entregue somente após a sua morte. Romeu se surpreende com o segredo, mas, por amor a esposa, ele a perdoa.

Tempos depois, os filhos do casal, Breno e Thiago, atingem o ápice da adolescência e para Thiago, o pai prefere Breno, o filho mais velho, o que o faz se revoltar contra os dois.

O desgosto leva Thiago para o Rio de Janeiro onde conhece Melinda Florentis, moça rica, de família nobre e europeia.

A ardente paixão entre os dois torna-se o centro das atenções da Cidade Maravilhosa; pois nenhum casal parece ser tão perfeito quanto eles. Tudo desmorona quando Melinda descobre que o marido esconde algo de muito grave em seu passado e passa a chantageá-lo por causa disso, fazendo-o provar do seu próprio veneno.

SUAS VERDADES O TEMPO NÃO APAGA é um dos romances mais elogiados por leitores de todas as idades, especialmente porque retrata o Brasil do Segundo Reinado, com os costumes da época de forma realista e surpreendente.

SE NÃO AMÁSSEMOS TANTO ASSIM

No Egito antigo, 3400 anos antes de Cristo, Hazem, filho do faraó e herdeiro do trono, apaixona-se perdidamente por Nebseni, uma linda atriz. Com a morte do pai, Hazem assume o trono e se casa com Nebseni.

O tempo passa e o filho tão necessário para o faraó deixar como herdeiro do trono não chega. Nebseni então se vê forçada a pedir ao marido que arranje uma segunda esposa (algo permitido na época) para poder gerar a criança tão almejada.

Sem escolha, Hazem aceita a sugestão e se casa com Nofretiti, jovem apaixonada por ele desde menina e irmã de seu melhor amigo. Mas Nofretiti se casa, por um propósito muito maior do que dar um herdeiro ao faraó, seu objetivo é destruir Nebseni, apagá-la para todo o sempre do coração de Hazem, para que somente ela reine ali.

Mas pode alguém realmente apagar do coração do outro, quem ele tanto ama?

SE NÃO AMÁSSEMOS TANTO ASSIM fala de ciúmes, egoismo e desejos de vingança, sentimentos que envenenam a alma humana e o espírito. Um dos romances mais elogiados pelos leitores.

A LÁGRIMA NÃO É SÓ DE QUEM CHORA

Christopher Angel, pouco antes de partir para a guerra, conhece Anne Campbell, uma jovem linda e misteriosa, que se tornou muda depois de ter presenciado uma tragédia que abalou profundamente sua vida. Os dois se apaixonam e prometem se casar, assim que a guerra tiver fim.

Nos campos de batalha, Christopher conhece Benedict Simons de quem se torna grande amigo. Durante um bombardeio, Benedict é ferido e, antes de morrer, implora a Christopher que ampare sua esposa e seu filho recém-nascido.

É assim que Christopher Angel conhece Elizabeth Simons e, juntos, terão de superar as reviravoltas da vida.

A LÁGRIMA NÃO É SÓ DE QUEM CHORA é um romance apaixonante do começo ao fim. Uma linda história de amor, envolvendo traição, revolta, ódio e superação.

NINGUÉM DESVIA O DESTINO

Heloise e Álvaro se casam porque realmente se amam. Mudam-se para uma casa lindíssima, construída sobre um penhasco, onde pretendem viver felizes até o fim de seus dias. Eis que Heloise se vê atormentada por pesadelos horríveis. Seria um aviso de que algo de mau iria lhe acontecer num futuro próximo?

O pior acontece quando ela percebe que o homem que tenta matá-la em seus pesadelos, é seu marido. Estaria ela dormindo com um psicopata? Capaz de persegui-la e matá-la num amanhã próximo? O que fazer para escapar daquilo, caso fosse verdade?

NINGUÉM DESVIA O DESTINO descreve também os horrores da Inquisição Católica, época em que as mulheres eram acusadas de bruxaria e queimadas vivas em fogueiras em praças públicas. Um romance empolgante do começo ao fim, altamente elogiado pelos leitores desde a sua primeira edição.

SÓ O CORAÇÃO PODE ENTENDER

Bianca, uma grã-fina de trinta anos está desesperada para se casar. Diante da dificuldade de conquistar um marido, ela decide roubar o noivo da própria prima que lhe quer tão bem. É quando ela conhece um caipira, chamado José Rufino, que passa atazaná-la assim que descobre seus planos. Desde então, o duelo entre os dois toma proporções gigantescas e cômicas.

Só o coração pode entender é um romance para se ler sempre que se está de baixo-astral. Porque é divertido e altamente verdadeiro, além de transportar o leitor para a doçura da vida no campo que é tão saudável para o corpo e o espírito.

Considerado pelos leitores, o romance queridinho de todos!

A SOLIDÃO DO ESPINHO

Fadrique Lê Blanc foi preso, acusado de um crime hediondo, alegou inocência, mas as evidências o incriminaram. Na prisão, ele conhece Virgínia Accetti, irmã de um dos carcereiros, que se apaixona por ele e acredita na sua inocência. Por isso, ela decide ajudá-lo a fugir para que ele possa reconstruir sua vida ao lado dela. O plano é posto em ação, mas não sai como esperado.

Virgínia então se vê forçada a casar com Evangelo Felician que sempre foi apaixonado por ela, mas ela nunca por ele. Com o tempo, Evangelo ganha fama com sua arte e o casal acaba se mudando para Paris, onde Virgínia terá novas surpresas que mudarão radicalmente os rumos de sua vida e do seu coração.

A SOLIDÃO DO ESPINHO relata uma história de amor como poucas que você já leu ou ouviu falar. Com um final surpreendente, marcará para sempre a memória do leitor.

POR ENTRE AS FLORES DO PERDÃO

No dia da formatura de sua filha Samantha, o Dr. Richard Johnson precisa fazer uma operação de urgência, numa paciente idosa que está entre a vida e a morte. Quando sós, a filha e a esposa do médico são surpreendidas por um assaltante que muda radicalmente seus destinos.

Por entre as flores do perdão fará o leitor sentir na pele o drama de cada personagem e se perguntar, o que faria se estivesse no lugar de cada um. A cada página, viverá fortes emoções e descobrirá, ao final, que só mesmo pelo perdão podemos nos libertar dos lapsos do destino e renascer para a vida e o amor.

Um romance vivido nos dias de hoje, surpreendentemente revelador.

A OUTRA FACE DO AMOR

Verônica Linhares, rica e bela, apaixona-se pelo namorado de Évora Soares, moça pobre e até então, sua melhor amiga. Wagner Cálio é um moço atraente, mas tão pobre que não tem aonde cair morto. Mesmo assim, Verônica se casa com ele para total indignação de Évora.

É durante a lua de mel do casal na Europa, que Évora reaparece para atazaná-los, o que pode levar os três a um trágico fim.

A OUTRA FACE DO AMOR fala sobre os danos que o peso na consciência deixa em cada um de nós e sobre a cegueira da paixão que tanto mal pode nos causar. Mais um grande sucesso de Américo Simões, ditado por Clara, também favorito dos leitores.

OBRAS DO AUTOR
1. A ETERNIDADE DAS PAIXÕES
2. AMANDO EM SILÊNCIO
3. AS APARÊNCIAS ENGANAM
4. A OUTRA FACE DO AMOR
5. A VIDA SEMPRE CONTINUA
6. A SOLIDÃO DO ESPINHO
7. A LÁGRIMA NÃO É SÓ DE QUEM CHORA
8. AS PAZES COMIGO FAREI
9. DÍVIDAS DE AMOR
10. DEUS NUNCA NOS DEIXA SÓS
11. DEPOIS DE TUDO, SER FELIZ
12. E O AMOR RESISTIU AO TEMPO
13. ENTRE O MEDO E O DESEJO
14. FALSO BRILHANTE, DIAMANTE VERDADEIRO
15. HORA DE RECOMEÇAR
16. MULHERES FÊNIX
17. NENHUM AMOR É EM VÃO
18. NEM QUE O MUNDO CAIA SOBRE MIM
19. NINGUÉM DESVIA O DESTINO
20. O QUE RESTOU DE NÓS DOIS
21. O AMIGO QUE VEIO DAS ESTRELAS
22. O DOCE AMARGO DA INVEJA
23. O AMOR TUDO SUPORTA?
24. O LADO OCULTO DAS PAIXÕES
25. PAIXÃO NÃO SE APAGA COM A DOR
26. POR ENTRE AS FLORES DO PERDÃO
27. POR UM BEIJO ETERNO
28. POR AMOR, SOMOS MAIS FORTES
29. PAIXÕES QUE FEREM
30. QUANDO É INVERNO EM NOSSO CORAÇÃO
31. QUANDO O CORAÇÃO ESCOLHE
32. QUEM EU TANTO AMEI
33. SE NÃO AMÁSSEMOS TANTO ASSIM
34. SEM VOCÊ, É SÓ SAUDADE
35. SEM AMOR EU NADA SERIA
36. SÓ O CORAÇÃO PODE ENTENDER
37. SUAS VERDADES O TEMPO NÃO APAGA
38. SOLIDÃO, NUNCA MAIS
39. VIDAS QUE NOS COMPLETAM
40. CASTELOS DE AREIA
41. O AMANTE CIGANO
42. SEGREDOS
43. O NOSSO AMOR DE ONTEM
44. VOCÊ NÃO SOUBE ME AMAR
45. PAI HERÓI
46. DEPOIS DE TER VOCÊ